担任に決まったらスタート！

幼稚園・保育園のクラスづくり大作戦38

RISSHO KID'S きらり 監修
坂本喜一郎 著

黎明書房

はじめに

私は30年前、教員養成大学を卒業すると同時に「母校の小学校の先生になりたい！」という夢をかなえ、教育・保育現場にかかわるようになりました。小学校生活6年間の中で出会った個性や魅力あふれる担任の先生の姿を目の当たりにし、「私もこんな先生になりたい！」とこの仕事に強い憧れをもったのです。現在は「日本一わくわくできる保育園をみんなで創ること」が私の大きな夢の1つになっています。

この本を手に取っていただいた方々も、きっと「自分の幼少期に出会った保育園・幼稚園の先生に憧れて」「昔から小さな友だちのお世話が大好きで」「中学校の時の職場体験で保育の魅力を知って」など、一人ひとり大切な『保育への憧れ』があり、自ら『保育者になる』という夢を見事にかなえたのではないでしょうか。

そして今、憧れていた保育者になった自分を実感しながら、「採用や担当クラスが決まり、期待と不安で胸がいっぱいになっている」「初めてクラスリーダーとなり、責任感や意欲に溢れている」、また「新しい気づきや学びを得て、さらに魅力的な保育の創造に挑戦してみたい」など、保育者として魅力的に輝く新たな自分を夢見ながら期待に胸を膨らませておられるのではないでしょうか。

そんな皆さんだからこそ、私からお伝えしたいこと。それは「子どもの生きるモデルとして、まず私たち保育者が保育をとことん楽しむ」ことです。言い換えれば、「保育者自らが一人の人間として、自分らしく生きることを楽しむ姿を子どもたちに見せていく」ことです。

ここで紹介する38の作戦は、保育をうまくやるための「ＨＯＷ ＴＯ」ではありません。アイデアを巧みに取り入れ組み合わせて、「あなたらしい」「あなたならでは」の保育をデザインしていくためのヒントにしてください。

最後になりますが、「保育者になる」という夢を見事にかなえた皆さんだからこそ、これからも保育現場に立つ身として、新たな夢を持ち続けてほしいと願っています。日々の保育の中で、あなたらしさを最大限に生かしながら、魅力あふれる「子どもの憧れのモデル」となっていってください。

RISSHO KID'S きらり グループ 統括園長　坂本喜一郎

目次

第2章 新学期のはじめの1か月間に 子どものこころをつかむ8作戦

第３章
日々の保育がスタートしたら 1日の流れを作る 保育の10作戦

目次

第1章

新学期が始まる前に 担任としてまず立てる10作戦

1 クラス運営の計画書を作る

どんなクラスにしたいのか、子どもとどんな夢をかなえたいかを出し合い1年のテーマを明確にする

新年度が始まる前に、複数担任の場合はクラスリーダーを中心に、どんなクラスにしていきたいのか、どんな夢（子どもと保育者の）をかなえたいのかを出し合います。夢をどんどん出し合って、クラスの1年のイメージを膨らませ、そのうえで、「クラス運営計画書」を作成します。

クラス運営計画書には、次のような内容を盛り込みます。

・**子どもの様子や特徴**…前年度の担任から引き継いだものをベースにする
・**クラスのテーマ**…クラスの1年を象徴するテーマを考える
・**ねらい**…生活、遊び、自然に対するねらいを立てる
・**具体的な内容**…それぞれのねらいに対して、実際におこないたいことをあげる
・**ウリ**…担任の特技や、そのクラスでしかできない特性を整理する
・**かなえたい夢**…保育者と子どもが1年の中でかなえたい具体的な夢をあげる
・**担任として心がけたいこと**…子どもへのかかわり方や、大切にすることを出す

作戦ポイント

クラスの１年のイメージを膨らませてから計画を立てる。

■計画づくりの流れ

① 前年度の担任から引き継いだ子どもの様子や特徴を共有する。

② 子どもの様子や特徴をふまえて，どんなクラスにしていきたいのか，どんな夢（子どもと保育者の）をかなえたいのかをどんどん出す。

③ 新年度の各クラスの担任（クラスリーダー）が全職員の前で発表する。

■クラス運営計画書（５歳児クラス）

テーマ	アクティブ全開★個々の魅力を最大限に発揮しよう！
ねらい	生活：地域交流等を通じて，人とかかわる楽しさを感じる 遊び：好きなことをとことん追究するおもしろさを味わう 自然：天候や気温等の気象現象に目を向け，五感を使って変化を楽しむ
具体的な内容	生活：地域の人々と積極的に交流し，会話や対話をする 遊び：科学的な遊びを通じて，調べることや試行錯誤をくり返す 自然：四季折々の草花に触れ，それらを生かした遊びを探究する
ウリ	・一人ひとりが誰にも負けない強みを発揮できる機会を大切にする ・地域との出会いやつながりを大切にし，遊びの可能性を広げる ・担任の趣味の調理を保育に生かす
かなえたい夢	・自然の中で，子どもの可能性を最大限に引き出す ・クラス全員でサイクリングする
担任として心がけたいこと	・子ども・保護者・担任間の対話を大切にし，保育の方向性を共有していく ・個々の気持ちの変化に目を向け，子どもとていねいに向き合う ・一人ひとりの個性を認めていきながら，それぞれの個性を活かせる場を常に模索していく

2 クラスの子どもの名前を覚える

保育者が名前を呼んでくれる、保育者が自分の好きなことを知っている、それらは子どもが心を開くきっかけになる

子どもは保育者が自分の名前を覚えてくれていること、自分の名前をやさしく呼んでくれることをうれしく感じるとともに、安心感をもちます。それが信頼関係にもつながっていくので、入園または進級初日から、子どもを名前ですぐに正しく呼べるよう、顔と名前をしっかり覚えておきましょう。

同時に、名前と合わせて、その子どもの好きな遊びや興味のあることなども覚えておきます。子どもは自分の好きなものを知っていてくれる、好きなことに共感してもらえることで、保育者に心を開くようになります。子どもの好きなものについての話題から、さらに仲を深めていくこともできるでしょう。

そして、子どもの誕生日も正しく把握しておきましょう。子どもは、誕生日を覚えていてくれることにも喜びを感じます。

担任に決まったら、子どもの顔と名前、誕生日と好きな遊びなどを覚えることが最初の仕事だと心にとめておきましょう。

作戦ポイント

新任の研修計画は，「学生本人」が立て，半年前から研修を開始する。（月２～３回程のペース）

■就職前の研修スケジュール

10月～11月

・０～５歳児クラスに入り，各年齢の発達や保育者の援助を学ぶ。
・職員としての振る舞いを学ぶ。
（社会人としての言葉使いや報告・連絡・相談の重要性など）

12月～1月

・書類の作成について学ぶ。
（実際に現場で使用している書類を書き，体験する）

2月～3月

・次年度の配属クラスに入る。
（子どもの名前や誕生日を覚えたり，特徴や好きな遊びなどを把握したりする）

研修に入った日は，その日の終了間際に研修担当の職員と話す時間を設け，そこでわからないことを質問し，解決できるようにする。

就職が決まったら定期的に園に足を運び，主任や配属担当の保育者と研修計画を立て，保育運営の基礎について学んでいきます。

3 最初の7日間の保育スケジュールを立てる

最初の7日間は、子どもも保育者もたくさんの夢がもてるような日々にする

新学期が始まったばかりの時期、子どもたちは期待と不安でいっぱいです。まず大切なのは、保育者との信頼関係の土台を築くこと。子どもたちが園生活に安心とわくわく感をもてるよう、保育者は保育スケジュールを立てましょう。最初の7日間が勝負です。

最初の7日間の保育スケジュールを立てる上で必要な考え方は次の4つです。

① 担任の「クラスのみんなとかなえたい夢」をたくさん伝える時間を作る。
② クラスの時間よりも、自由遊びの時間を十分にとる。
③ 子どもと十分に向き合えるよう、活動の予定を詰め込まない。
④ これまでの子どもたちの成長の姿を土台に保育をデザイン※する。

※保育内容を組み立てること。

作戦ポイント

活動の予定を詰め込まず，自由遊びの時間を十分にとる。

■最初の7日間の保育のスケジュール

	担任の夢と活動	自由遊びの時間	子どもの成長を土台にした保育
1日目	・「みんなと自然の中でたくさん遊びたい」と，担任の「クラスのみんなとかなえたい夢」を伝える	・電車好きの子どもたちが数名いる ・花を頭につけて楽しむ子どもがいる	・散歩中や戸外遊びの際の子どもたちの体の使い方を把握し，特に伸ばしていきたいと思う部分を意図的に遊びに取り入れる（走る・跳ぶ・バランスなど）
2日目	・自然に関する図鑑や写真を持って戸外遊びに行く	・電車を見に行く ・採取した草花で髪飾りを作る	・図鑑を見ながら，文字に触れ，文字を読むという経験につなげていく
3日目	・図鑑に載っていた草花の遊び方（食べる・色水）を紹介する	・造形遊びの中で電車を作る ・草花を押し花やラミネートする	・電車作りを通して立体的に表現することを楽しめるようにする
4日目	・色水に興味をもった子どもたちと色水遊びをする	・継続して電車作りをおこなう ・加工した草花でイヤリングやネックレスを作る	・色水遊びの中で色や色彩感覚を養えるように，色見本や配色見本などを遊びに取り入れる
5日目	・より多くの植物が探せるように散歩で近所の森に行く機会を設ける	・作った電車を使い車掌さんごっこをする ・採取，加工した草花で花の図鑑を作る	・自然の中で，見る，触る，嗅ぐ，聞くなど五感を使って楽しめるような活動の工夫をする
6日目	・森での出来事を振り返り，森で採取した草花で色水を作る ・食べられる草花（ヨモギやショカツサイなど）を調理して食べてみることを提案する	・車掌さんごっこを極めるために，本物の車掌さんを見に行く ・森で採取した食べられる野草も図鑑にする	・図鑑作りを通じて文字を書く経験を確保する ・森での経験や感じたことなどを自分の言葉で相手に伝える経験を積み重ねていく
7日目	・ほかにも食べられる草花があることを紹介する（ノビルなど）	・車掌さんの帽子や服を作る ・草花図鑑とアクセサリー作りを継続しておこなう	・野草の調理を通じて食べ物の旬や草花が咲く時期などを感じ，食育へとつなげる

4 1日目(初日)の流れを確認する

新学期初日は、和やかな雰囲気をつくれるように1日目の流れをシミュレーションする

新年度1日目。保育者があまりドキドキしていると、子どもたちはくつろぐことができません。保育者は和やかな雰囲気と、スムーズな時間の流れをつくれるよう1日目のスケジュールをしっかり体に落とし込んでおきましょう。

初日に意識したいことは次の4つです。

① 最初から全ての身支度（靴のはき替え、着替え、持ち物の整理など）を教えようとしない。

② 個々のペースに合わせて、子どもができるところは子どもが自分でおこない、それ以外は保育者が手伝う（2日目以降、徐々に手伝う割合を減らしていく。最終的に自分でできるようになればよいと考える）。

③ 登園時、すぐに身支度を強制しないようにする。その子がしようと思うまで待つ。

④ ゆっくりくつろぎたい子どもは、くつろいでもよいようにする。

作戦ポイント

1日目は，細かく流れを決めておく。

■1日の流れ（3歳児クラスの例）

7：00～ ・順次登園	・保護者の方に挨拶（担任発表） ・子どもたちに名札を付ける ・朝の支度の手順を伝える（必要に応じて一緒におこなう）
9：00～ ・朝の会	・話（担任の自己紹介，3歳児クラスの流れなど） ・子どもたちと一緒に午前中にやりたいことを決める
10：00～ ・戸外遊び	・散歩は，子どもの列の前後に保育者が付き，引率する。歩くペースはややゆっくりにし，周囲の状況を見ながら，安全確認をする
11：30～ ・帰園	・手洗い，うがいを促す ・着替えは個々のペースを大切にし，衣服の前後の確認やボタンなどは伝えながら一緒におこなう
12：00～ ・順次食事	・食事の様子を見守り，好き嫌いを把握し，苦手な食べ物は子どものペースで食べ進められるように援助する ・スプーンの持ち方などをていねいに伝える
13：00～ ・睡眠	・布団を敷く⇒食事が終わった子どもをトイレへ促す⇒パジャマの着替えを援助する⇒絵本を読む⇒寝かしつける
14：30～ ・順次起床	・起床の声をかけ，部屋の電気をつけカーテンを開ける ・寝起きの体調を視診する ・トイレ，着替えを促す（必要に応じて援助する） ・布団を片付ける
15：00～ ・おやつ	・支度の声かけをする（必要に応じて一緒におこなう） ・おやつ（食事の際と同様の援助）
15：30～ ・帰りの会	・歌やリトミック，ダンスなどをおこなう ・1日の振り返りをする（子どもに感想を聞く） ・保育者から，1日の出来事や気づき，楽しかったことなどを伝える
16：00～ ・コーナー遊び （順次降園）	・室内にある素材や道具の紹介をする ・コーナーごと（造形・ままごと・自然など）に担当者が付き，子どもの遊び姿を見守り，個々の興味・関心を把握する ・子どもの遊ぶ姿に応じて必要な素材を準備する

5 手遊びと絵本を準備する

絵本や手遊びは、子どもの心を魔法のように落ち着かせる

新年度、子どもも保育者も落ち着かない中、絵本を読みたくなるような環境は、子どもの気持ちを落ち着かせるうえでも大切です。

クラスの部屋に置く絵本は、年齢や興味に合うものをセレクトして、子どもの目にとまりやすい場所に用意しておきましょう。

いつでもそこに絵本がある、いつでも絵本を読んでもらえるという環境があると、子どもはしぜんと絵本にふれるようになり、気持ちが落ち着いたり、読むことが楽しみになったりします。

絵本のほかに、活動をする前や大切な話をする前、子どもの興味をひきつけたり、落ち着いた環境を作るための手遊びを、複数用意しておきましょう。新学期が始まる前に、子どもの心を落ち着ける手立てとして、手遊びの引き出しをたくさん用意しておくことをおすすめします。

作戦ポイント

クラスの絵本は，
子どもの目にとまりやすい場所に用意する。

■おすすめの絵本

0・1歳児

●音や言葉を楽しむ絵本
『じゃあじゃあびりびり』（偕成社）
『ごぶごぶ　ごぼごぼ』（福音館書店）

●乗り物の絵本
『のりもの』（ダイソー）
『こうじのくるま』（ポプラ社）

●動物の絵本
『どうぶつえん』（JTB パブリッシング）
『どうぶつ』（ダイソー）

●見て楽しむ絵本
『ころころ』（ダイソー）
『サンドイッチ　サンドイッチ』（福音館書店）

2歳児

●会話や発見を楽しむ絵本
『きんぎょがにげた』（福音館書店）
『しろくまちゃんのホットケーキ』（こぐま社）

3歳児

●お話の世界を楽しむ絵本
『ぐりとぐら』（福音館書店）
『三びきのやぎのがらがらどん』（福音館書店）

4歳児

●いろいろな気持ちと出会う絵本
『おへそのあな』（BL 出版）
『かいじゅうたちのいるところ』（冨山房）

5歳児

●想像力を育む絵本
『おしいれのぼうけん』（童心社）
『スイミー』（好学社）

6 子どもの成長発達や特徴を知る

安心・安全で、質の高い保育は、子どもの的確な状況把握から

保育者は、子ども一人ひとりの成長発達の特徴やアレルギーの有無などを、新年度が始まるまでに、しっかり理解しておく必要があります。とくに、担任がクラスの子ども一人ひとりの身体的な特徴を把握することは、子どもの安心・安全の保育を保障し、質の高い保育を実現するためにも、必要不可欠です。

子どもは成長発達に合わせて体を器用に動かすようになり、興味のある遊びに集中して取り組み、周囲の人々との関係性を楽しんでいきます。

しかし、発達の個人差は大きく、無理を強いると、ケガにつながったり、関係性がこじれたりする可能性も少なくありません。また、アレルギーなどのように、対応を誤れば体に重大な影響を与える特徴をもつ子どももいます。

安心・安全は、新年度の初日から求められることを心に留め、新年度が始まるまでに、子どもの特徴や状況をしっかり理解しておきましょう。

作戦ポイント

「子どもの成長発達の特徴のあり方」をふまえて，子どもの状況を把握する。

■子どもの特徴把握の流れ

① 保護者から提出される家庭状況調査票などをていねいに確認する

⇒「子どもの心身の発達の違い」は，「個性の違い」として捉える。

⇒１日の保育スケジュールにとらわれず，成長発達にあった休息のタイミングなど，一人ひとりの「園での生活リズム」を考える。

②「担当制」を取り入れ，子ども一人ひとりの育ちに寄り添う

⇒０～１歳児クラスで導入。生活習慣の獲得を中心に，特定の子どもを担当する保育者（園での母親）を決めて援助することにより，家庭と同様に子どもが安心し，安定した生活が送れるようにする。

③ アレルギーの有無や除去食への対応について園全体で共有する

⇒食物アレルギーは，アナフィラキシー等命にかかわる重要な問題であることからも，園全体で共有するとともに，誰が見てもわかるような食の提供を徹底する（器の色を変える／名札を付ける）。

④ 子どもの成長発達の特徴を把握し，職員間で共有する

⇒日々の子どもの心身の状態の変化や家庭状況などを園全体で把握し，対応していけるようにする。

7 保護者や家庭状況について把握する

保護者との連携によってより質の高い保育が可能になる

保育をするうえで大切な意識として、「だいじなお子さんをお預かりしている」というものがあります。誰よりも子どもの幸せを強く願っているのは保護者であることはいうまでもありません。

保育者は、「目の前の子どもが、保護者のどのような思いや願いのもとにいるのか」を、十分に感じ取る必要があります。そのためにも、保護者や家庭状況を的確に把握することが必要です。それは、家庭との円滑な連携のためだけではなく、よりよい保育の創造のために欠かせないものです。

家庭支援においては、保育者が「保護者や家庭環境を的確に把握することでできる支援」と、保育者が「自らの思いをていねいに保護者や家庭に伝えていくことでできる連携」の双方がバランスよくおこなわれることが大切です。

また、虐待、育児放棄などの兆候にも気をつけ、おかしいなと思ったときには上司と相談し、児童相談所などとの連携を検討する必要もあります。

作戦ポイント

「保育者と保護者の連携のあり方」を新年度が始まるまでに確認する。

■家庭環境の把握と保護者対応のポイント

① 保護者から提出される家庭状況調査票などをていねいに確認する

⇒「家庭状況の違い」は，「子育て観や経験の違い」として捉える。

⇒保育者は，子育ての指導者ではなく，保護者のパートナーになる意識が大切。

② 前任者（前年度のクラス担任）とのていねいな引き継ぎをおこなう

⇒一人ひとりの子どものもつ「魅力」や「可能性」を具体的に確認する。

③ 日々の送迎時での保護者とのふれ合いを大切にする

⇒送迎時の連絡では，「子どもの具体的なエピソード」の伝達をする。

④ 日々の連絡ノート（おたより帳）などのやり取りをていねいにおこなう

⇒的確な言葉で，具体的に表現できるようにしておく。

⑤ 定期的な保護者への情報発信 ——ドキュメンテーション(68ページ参照)**やポートフォリオ**(30ページ参照)**など—— に挑戦する**

⇒保護者が保育のおもしろさを知り，園やクラスへのファンになるような情報発信をする。

8 安全&衛生管理の仕方を知る

質の高い保育の実現は、ていねいな養護的援助から始まる

乳幼児期の保育・教育は、「養護と教育が一体となっておこなわれること」が大切です。特に、子どもが安全・安心な園生活を過ごすためには、保育者による適切な養護的援助が不可欠です。

中でも乳児期の子どもの保育では、保育者は「生命の保持」への意識を高くもち、どんな危険が潜んでいるのかを的確に予測し対応していくことが大切です。

特に現場で大切にされている取り組みに「ヒヤリハット」があります。危険なことが発生したものの大きな事故や災害には至らなかった「ヒヤリハット」の時点で、早急にその原因を探り、その改善方法を全職員で共有し、確実に実行していくことで、大きな事故発生のリスクを回避することにつながります。

まずは、日ごろ子どもたちが多くの時間を過ごす園内（保育室・廊下・ホール・園庭など）について、実際に発生した「ヒヤリハット」を園のマップに記入しながら、その具体的な改善策を考え実行していきましょう。

作戦ポイント

「どんなときでもどんな場面でもリスクはある」という意識を持つ。

■安全と衛生管理のポイント

SIDS（乳幼児突然死症候群）の発症のリスクを減らす
⇒睡眠中は必ず仰向けに寝かせ，子どもを１人にしない。

窒息を予防する
⇒食事は，成長発達に合わせた種類，形状，大きさ，固さ，量などへの配慮をする。
⇒睡眠中は，子どもの顔にかかる・覆うようなものがないか気を配る。

誤飲を予防する
⇒細かな玩具や，職員の所有物，ゴミなどが，「簡単に手が届かない」「簡単に口の中に入れられないサイズのもの」にする。

誤嚥を予防する
⇒食事の提供時，子どもの姿勢や，保育者の見守りを大切にする
⇒食材は球形は直径 4.5㎝以下，球形以外は直径 3.8㎝以下を避け，丸飲みしないようにする（乳児）。

転倒・転落を予防する
⇒床や地面の段差に配慮したり，階段や固定遊具などの手すりや柵などを常設したりする。

溺水を予防する
⇒沐浴槽《もくよくそう》やプールなど，水位に十分配慮し，子どもだけになる瞬間が絶対にないようにする。

感染症を予防し，拡大を防止する
⇒季節の移り変わりや成長発達による感染症の発症傾向を理解し，適切に対応する。
⇒新型コロナウイルスなど，感染症に合わせた消毒を実践する。
⇒コップやタオルなどの共有を禁止し，使い捨てペーパータオルを活用する。
⇒定期的な室内清掃・換気・温度調整や，玩具などの消毒を実施する。
⇒子どもの嘔吐物や排泄物の適切な対応方法を理解し実践する。

9 美化と掃除の仕方を身につける

園にいるみんなが気持ちよく生活できる環境を子どもと一緒に用意する

園内は、子どもも保育者も長い時間を過ごす大切な場所です。また、園の利用者だけではなく、地域の方々も共に活用する共有空間といえます。

子どもが好きなことをして、心ゆくまで遊べる場であるだけでなく、子どもや保育者が気持ちよく生活できる場であり続ける必要があります。そのためには、園内の美化や掃除は、保育者の大切な役割です。

保育の中の限られた時間を使っておこなうことの多い美化や掃除は、効率よくおこなうことが重要です。

そのために大切なのは、保育者が全部やってしまおうとせず、子どもの「手伝いたい」「役に立ちたい」という気持ちを最大限生かすことです。そして、子どもが片づけやすい環境を用意することです。

子どもの成長に合わせ、子どもの力を信じ、子どもと一緒に取り組む意識をもつようにしましょう。

作戦ポイント

園の美化，掃除について，考え方，手順や方法を身につけておく。

■園の美化と掃除がしやすい環境

保育後などにまとめて掃除をするのではなく，少しの時間を利用してこまめにおこなう！

⇒活動などのたび，「８割程度」の掃除を完了すれば，ごみの増加や汚れの広がりをブロックできる。
⇒手軽に使える掃除用具を身近に配置する。

子どもが片づけしやすい環境を作る

⇒使ったものを「どこに戻せばよいのか」，わかりやすい表示や配置を心がける。

子どもがわかりやすく使いやすい「ごみ捨て」の環境を作る

⇒ごみ箱の「数」「置く場所（子どもとの距離）」「分別のしやすさ」などに配慮する。

きれいだと気持ちがいいと，子どもが感じられるようにする

⇒子どもが自分で片づけられたときなどに，「きれいになると気持ちがいいね」などとこまめに声をかける。

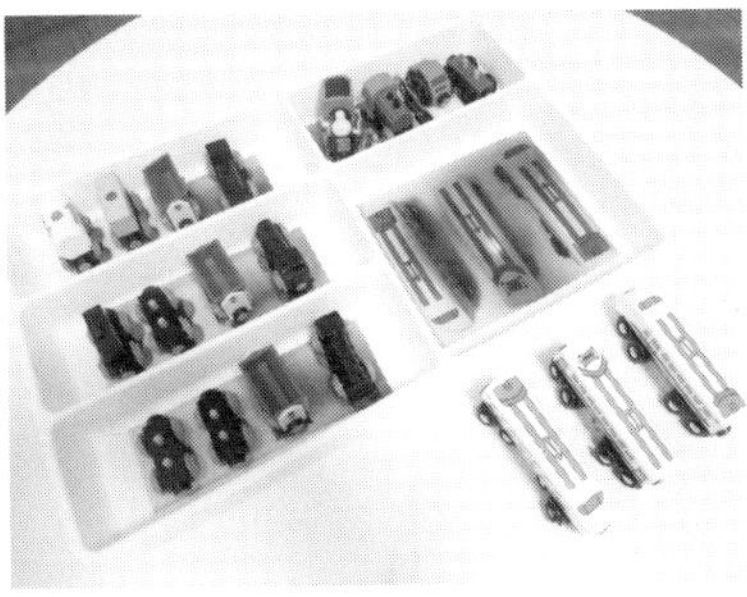

戻す場所に写真を貼ることで，どこに戻すとよいかわかりやすくなった。

10 連絡ノートと記録の作成ポイントを知る

連絡ノートは子育て支援の意味もあることを意識して書く

保育者が作成する書類や記録類はさまざまです。その中で、特に連絡ノート（おたより帳）は、家庭との情報共有のための大事な記録であり、子育て支援の意味ももつため、記録の意図や書き方をしっかり身につけることが大切です。

連絡ノートの作成ポイントは次の通りです。

① 保護者が、子どもの家庭での様子や不安に感じていることを記入している場合には、必ず、それに対する返事を書く。

② 保育者から園での子どもの様子を伝えるときには、その日の遊びや生活に着目して書く。その際、ただ「〜して遊びました」ではなく、「トランポリンを元気いっぱい飛ぶ姿から、体の軸が安定し、足腰が強くなっていると感じました」など、発達の側面から見て書くようにする。

ほかに、子どもの成長を記録したポートフォリオも、家庭との情報共有に活用できます。

作戦ポイント

子どもの「きらりと輝いた瞬間（夢や願いの達成に向けて自分らしく生きる姿）」をエピソードと写真で紹介する。

■ポートフォリオの書き方

０～２歳児クラスは毎月，幼児クラスは期ごとにクラス担任がまとめる。保護者に「きらり成長記録」を配付します。（次ページ参照）

発信内容

・担当保育者は，まず月当初に，一人ひとりの子どもに関する生活及び遊びに関するねらいを２～３つ設定。そして，月末にそれらに関する具体的なエピソードを，子どもの姿の変容や保育者の具体的なかかわり（援助）を含めながら文書と写真で紹介。
・Ａ４版サイズ１枚にまとめ，カラー印刷したものを保護者に配付。
・数ある子どもの成長の姿から，担当保育者が最も伝えたいエピソードを，子ども一人ひとりについて細かくていねいにまとめていく。
・保育者は，子ども一人ひとりの成長の様子を，日々デジタルカメラで撮影し，子どものエピソードに最適な写真を選択して文書と共に紹介する。

効果

〈保護者〉
・子どもが興味をもって楽しんでいる遊びや生活などがタイムリーにわかる。
・エピソードと写真がセットになっていることで，子どもの姿をより具体的に想像できる。
・エピソードを通して，子ども一人ひとりに適した援助のあり方を知ることができ，家庭においても子育てのヒントになる。

〈保育者〉
・子どもの成長発達のプロセス（連続的視点）を大切に捉えていく姿勢が培われていく。
・保育者は，日々子どもの姿をデジタルカメラで撮影することで，「子どものいきいきとした姿」をタイムリーにおさめられる。また，定期的に文書を作成することで，文書力の向上につながる。

■園から保護者へのポートフォリオ①

きらり成長記録

RISSHO KID'S きらり

作成日：	令和〇年〇月〇日				
園児名	Aさん	生年月日	平成〇〇年〇月〇日生	月　齢	4歳〇か月
ねらい	・読み書きから文字への関心を高める。 ・身体を動かすことを楽しみながら、挑戦する喜びや目標に向かって努力する楽しさを味わう。 ・イメージしているものを工夫して作ることを楽しむ。				

大好きなママやお友達・先生にお手紙を書くことが大好きなＡさん♪

わからない文字があると平仮名表を参考にしながら書いてみたり、先生に書き方を教えてもらいながら挑戦していました☆更に、お始まりの時間にお友達が絵本を１人で読み聞かせしている姿に刺激を受け、休息の時間等には指で文字をおいながら絵本を読んでいます！更に、日々の積み重ねから徐々に絵本をスラスラ読めるようになってきています☆いつか、Ａさんがみんなに絵本を読んでくれる日がくることを楽しみにしています♪

Ａさんにとってスポーツフェスティバルは大きな挑戦でした♪とび箱やリレーに挑戦する時は、緊張や不安から涙してしまうこともありましたが、お友達や先生から『一緒に頑張ろう！』『Ａちゃんなら大丈夫！』と勇気をもらいながら一日一日自分自身と向き合って挑戦していきました☆本番では、跳び箱５段を元気よく飛ぶ姿がとってもかっこよかったです！更に、日々挑戦していることが少しずつ自信に変わり始めると、自ら『きらりダンサーズになりたい！』と毎日ダンスの練習をしている姿もありました！そして“きらりダンサーズ”になったＡさんは、ダンサーズのお友達と一緒に練習を楽しみ笑顔でキュートなダンスを披露してくれました☆とっても頑張ったＡさん！実は、今でも朝の運動遊びコーナーで『跳び箱やりたい！』と挑戦し続けています！今回の経験を自信に変え、これからも挑戦するＡさんを見守っていきたいです♪

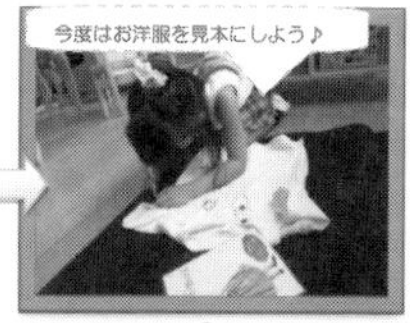

ハロウィンが近付いていたので、絵本をお始まりの時間に読むと、その日の自由遊びの時間に、その絵本を参考にしながらハロウィンの絵を描き楽しみにする姿が見られ始めました☆更に、ハロウィンはどんな日か話していると『おばけにバレないように衣装着たりするんだよね♪』と話していました！すると、『ハロウィンが近づいているから衣装を作らなくちゃ♪』とアナの衣装作りがスタート♪春から縫い物を楽しんでいたので今年は全て手縫いで衣装作りに挑戦！アナの写真を見ながらＡさんに作りたい衣装のイメージを聞いていくと、『袖は丸くしたいの！』等、Ａさんならではのこだわりが沢山！そのイメージをベースに不織布の切り方・縫い目の位置等、衣装作りの基礎の方法を伝えると、『自分で作りたい！』という想いは強くなり、真剣に聞いていたＡさんは一度でマスター！その日から、Ａさんの姿に刺激を受け衣装作りを始めたお友達には、まるで縫物の先生の様に作り方を教えてあげていました♪作っている時も教えてあげている時もＡさんはとっても嬉しそう♪これからも、Ａさんの豊かなイメージを活かして作ることをとことん楽しんでいってほしいです♪

園長		クラス主任		担当	

■家庭から園へのポートフォリオ②

R○　きらり成長記録（１０月）家庭用　　RISSHO KID'S きらり

ペガサス　組	園児名	

1）ポートフォリオから感じられたお子様の姿を、今後ご家庭では「どのように応援していきたい」と感じられましたか。

最近、たくさんのお手紙やコーナーあそびでの作品を見せてくれたり、自転車やとび箱についてよく話してくれます。結果だけをほめたりするだけでなく、頑張った過程を大事に聞きながら、具体的に一緒によろこんであげたいと思いました。

2）最近のご家庭での「お子様の様子（全般）やマイブーム」等をお知らせ下さい。

☆ 絵本の音読（始まると、最後まで止まらない位集中しています！）

☆ お部屋のかざりつけお片付け（ハロウィンやクリスマスのかざりつけをしたり、かざるためにはきれいにしなくちゃ！と自分のスペースの周りを中心に。）

3）今、子ども達が興味を持っていることに関する「アイデア」や「専門知識」等ございましたらぜひお知らせ下さい。今後の保育の参考にさせていただきます！

書いて伝えることにとても喜びを感じている様子を見て、お友だちや先生と、交換日記をしたら楽しそうだな、と思いました。自分でノートを作って、毎日ちがうお友だちや先生と交換日記をすることで、書いて"やりとりをする"ことの楽しさを感じられそうだな、と思いました☆

4）その他　＊ご自由にお書きください

記入者：　　　　（11月8日記）

提出期限　１１月７日（金）までに担任までご提出ください。

Column

「主体性」と「自主性」の違い

今，私たちが保育を語るとき，よく耳にする言葉の１つに「子どもの主体性」と「子どもの自主性」があります。「主体性」と「自主性」という言葉は，無意識に混ざり合いながら語られているようです。それぞれの言葉には，どのような意味や思いが込められているのでしょうか。

●主体性→子ども自らが新たな興味・関心や課題，テーマを見つけ，その解決に取り組んでいくこと
●自主性→あらかじめ用意された課題やテーマがあり，自ら子どもがその解決に取り組んでいくこと

保育者は，今目の前で展開されている子どもの姿や保育活動が，どちらの言葉にあてはまる保育なのかを説明できるようにする必要があります。

例えば，幼児クラスでよく目にする「一斉活動」などでおこなわれている保育は，保育者の意図や思いによって準備された活動であることが多く，こうした経験を通して育つのは，どちらかというと「自主性」と呼ばれるものではないかと思われます。

今，私たちが心から楽しみたい保育は，子どもの中に答えのある「子ども主体」の保育です。ですから子どもに何かを一方的に教えていく保育・教育ではなく，保育者自らが子どもと一緒に学び考えることを楽しめる「パートナー」となることが，保育現場に求められている大切な姿なのではないでしょうか。

第２章

新学期のはじめの１か月間に 子どものこころをつかむ８作戦

1 子どもの「つぶやき」を拾う

なにげないつぶやきに隠れている子どもの「やりたい！」をキャッチする

保育者が、子ども主体の保育を楽しむためには、子ども一人ひとりの「思い（＝○○をやりたい！）」をタイムリーにキャッチすることが大切です。

その際、「子どもの気持ちに寄り添う」や「子どもの目線に立って気持ちをくみとる」ということをよく言いますが、一歩間違えばその「くみとり」自体が保育者の主観にすぎない場合があります。

そうならないためには、日々の子どものなにげない「つぶやき」に耳を傾けることが大切です。なぜなら、つぶやきはその子どものそのときの気持ちが素直に表れたものだからです。そこには保育のヒントが満載です。

子どものつぶやきを手がかりに、たくさんの「○○やりたい！」に出会ってください。出会えば出会うほど、保育はどんどん楽しくなっていくはずです。

作戦ポイント

キャッチしたつぶやきを，その日のうちに担任間で共有し，保育のヒントにする。

■つぶやきを生かすには

① 子どもの気持ちが表出しているときの姿を写真に撮る。

② クラス担任同士で，写真を見ながら子どもの姿を共有する。

③ 子どもの姿を語り合う。

④ 大切にしたい子どもの姿として記録に収める。

私もかわいく
してほしい！
私もハサミで
切ってみたい！
僕もやってみたい！
かっこいいね！

散歩の途中で美容院の前に立ち止まった子どもたちのたくさんのつぶやき。

2 子どもの「パートナー」になる

保育者は子どもと一緒になって遊びや生活を楽しむ

「子どもにとって保育者とは、どのような存在なのでしょう？」と、保育者や教員を目指す学生に問いかけてみると、「なんでもできる人」「わからないことを教えてくれる人」「お手本」といった反応が返ってきます。言い換えれば、「ティーチャー（先生）」をイメージしているように思われます。

しかし、子どもは「なんでもできてなんでも教えてくれる存在」を求めているのでしょうか？

子どもが笑顔でうれしそうに保育者に近づくときの多くは、「一緒に○○しよう！」という遊び相手（＝パートナー）として保育者を誘う場面です。

子どもは、自分の興味のあることを一緒にとことん楽しんでくれる保育者を求めています。保育者が子どもの興味・関心にとことんつき合うと、子どもはますます意欲を高め、豊かな経験を積み重ねていくことができます。

保育者は、子どもと一緒になって楽しさを共有し、とことん楽しめるパートナーになりましょう。

作戦ポイント

子どもと一緒になって，とにかく楽しむ。

■保育者と子どもが一緒に楽しむと

保育者も自分の作品を真剣に作ると，子どもも真剣になる。

一緒に楽しんでくれる保育者に刺激を受け，子どもも穴を掘ったり，山を作ったりする。

不安や苦手なことも一緒になって楽しんでくれる保育者に見守られて，子どもは勇気がわき，挑戦してみようとする。

3 子どもにとって「うれしい先生」になる

保育者は、子どもに最大限のうれしさと、最小限のありがたさを与えられる存在

子どもが幸せな気持ちになるのは、どのような保育者と出会ったときでしょうか。そのヒントを与えてくれるものに、倉橋惣三※が『育ての心（上）』（フレーベル館）の中で記した「廊下で」というエッセイがあります。

保育者は、何か困っていたりできないでいる子どもを見つけるとついついお世話をしてしまいます。それを倉橋は、「ありがたい先生」と呼んでいます。しかし、お世話をやり過ぎた結果、子どもに怒られることもあります。それは、子どもにとって「ありがた迷惑な先生」になってしまったからかもしれません。

倉橋は、子どもが何より求めているのは、そのときどきの自分の気持ちに共感してくれる「うれしい先生」なのだと言います。

保育者は、子どもにとって「最大限のうれしさと、最小限のありがたさを兼ね備えた魅力的な存在」になれるよう、子どもとの共感を意識していきましょう。

※大正から昭和時代にかけての日本の児童心理学者。「幼児教育の父」と呼ばれる。

作戦ポイント

保育者が楽しむ姿を見せる。

■保育者が楽しむ姿を見せると

散歩でラーメンやさんに興味をもった子どもたち。リクエストに応えて，担任が筆でメニューを書いた。

担任が筆でメニューを書く姿に，子どもたちは「書いてみたい！」と，初めての書道に挑戦した。

園長が「みんなと一緒にサイクリングがしたい！」と始めた自転車プロジェクト。今では「○○まで自転車で行ってみたい！」「もっと早く漕げるようになりたい！」など，子どもの夢にもなっている。

4 保育はみんなで考える（保育デザインマップ）

複数の保育者で子どもを見ることで子どもの中にある保育の答えやヒントが見えてくる

保育の答えやヒントは保育者の中にあるのではなく、子どもの中にあるはずです。それを見つけるには、目の前の子どもについて、何人もの保育者が、見たり理解したりしたことを出し合い、語り合うことが大切です。そうすれば、目の前の子どもの多様な状況が総合的に見えてきます。それをもとに、保育を組み立てます。これを続ければ、可能性に溢れた保育へと発展し、保育を苦しく感じることも減るはずです。

保育を組み立てていくために、保育を語り合い、「保育デザインマップ」を活用しましょう。

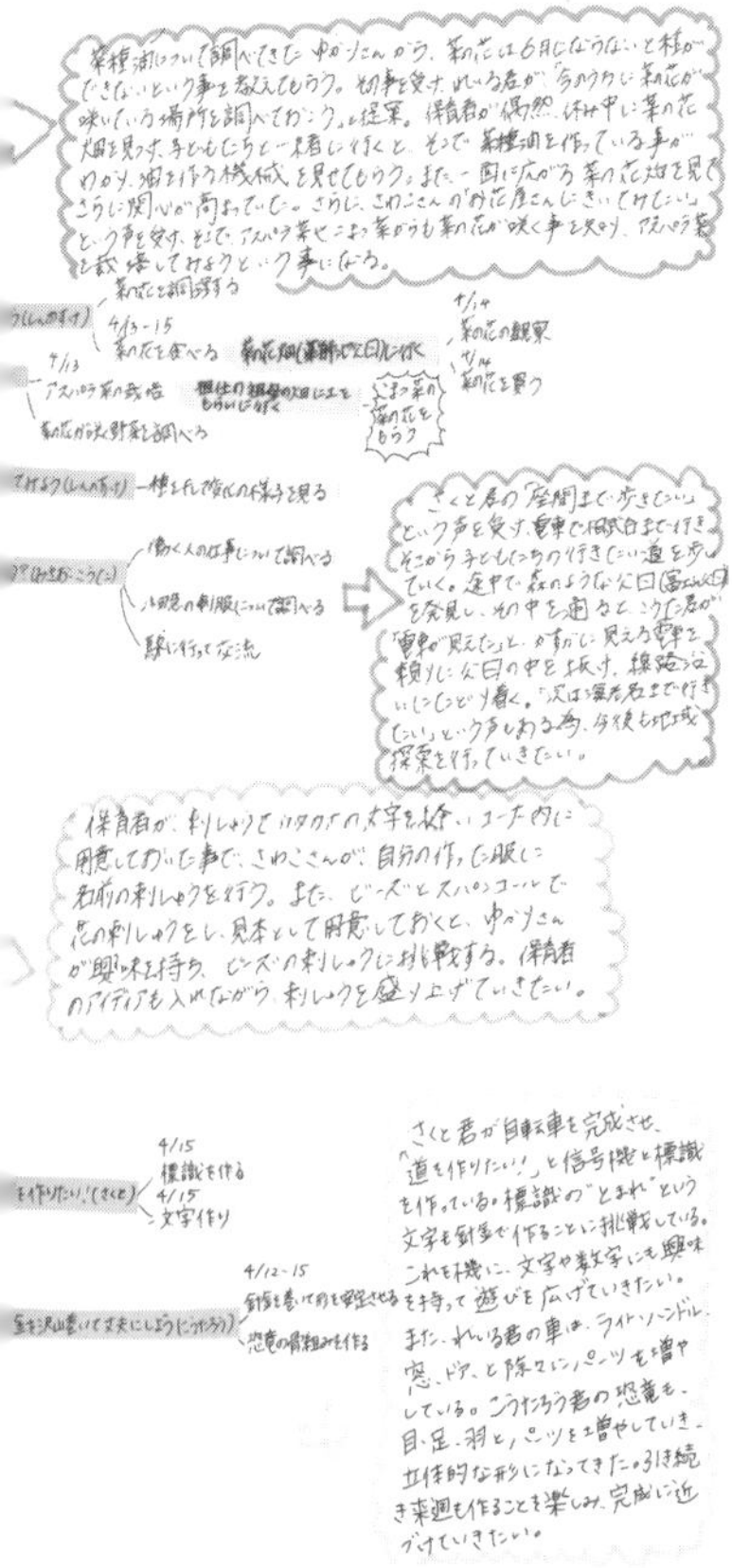

作戦ポイント

「保育デザインマップ」をクラス担任みんなで作る。（書き方は 50 ページ）

■保育デザインマップの効果

① 子どもの「つぶやき」や「姿」をタイムリーに書き込むことで，子ども理解が共有できる。

② 複数で考えることで，新たな視点やアイデアなどが浮かんだり，一人で苦しむことがなくなり仲間のよさにも気づける。

③ 正解を見つけるものではないので，気軽に楽しんで作成できる。

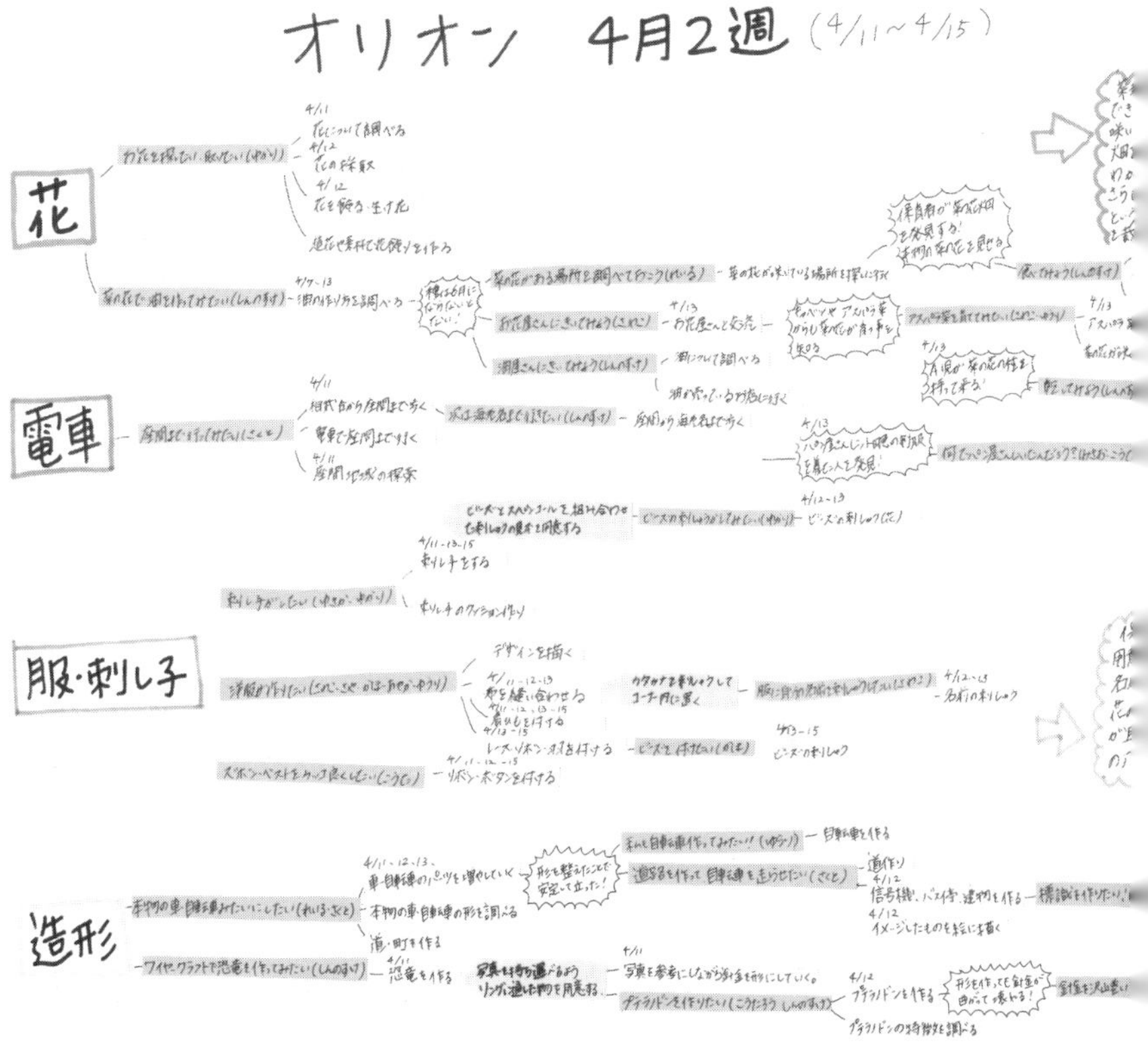

5 子どもの気づき・発見は必ずメモする

偶然の気づきや発見、人との出会いを保育の中で生かす

ていねいに計画を立てて保育をすると、保育者は計画通りになってほしいという気持ちを抱きがちです。しかし、子どもからは「やりたい！」が次々とわき出てきて、計画通りにいくことはほとんどないでしょう。

でも、それがいいのです。このわき出てくる興味・関心にこそ、日々の保育をより楽しくするエッセンスがあるからです。

例えば、散歩などで、さまざまな人や仕事などに出会うことは、子どもの「〇〇のまねがしたい！」「〇〇になりたい！」といった思いを引き出し、多様な「なりきり遊び」のきっかけにつながることがあります。そのため、子どものタイムリーなつぶやきは必ずメモし、保育に生かします。

計画は1つの見通しであり、それ以上に大切にしたいことは、そのときどきの、子どもの「〇〇したい！」という豊かな心の揺れ動きです。このことを忘れずに保育をおこないたいですね。

作戦ポイント

造形遊びには偶然の発見がいっぱい。逃さないようカメラを用意する。

■子どもの「偶然の発見」

のりを細長い色紙に塗ったところ，色紙が真っ二つに！　予想に反した偶然の出来事に大興奮！

用紙を動かすと，セロハンテープでとめた毛糸も動くことを発見。何回も画用紙を動かして，毛糸の動きの変化を楽しんでいた。

箱の上にトイレットペーパーの芯を取り付けることに夢中。たまたまひっくり返したら，机の上に立った！　偶然の発見に大喜び。

6 子どもが手を伸ばしたくなる環境を作る

いつでもそこにあり、いつでもふれることができ、いつでも活用できる環境が子どもの生活や遊びを豊かにする

子どもは、日々の生活の中でさまざまな環境と出会い、喜んだり驚いたり不思議がったりしながら、自らの生活に取り入れて遊んでいます。このくり返しが子どもの遊びを豊かにし、好奇心を育みます。大切なのは、子どもが自分から手を伸ばし、自ら生活や遊びを豊かにしていく環境が常に用意されていることです。

例えば、「やりたがりや」真っ盛りの0・1歳の子どもには、ダイナミックに探索活動を楽しみながら、初めて出会う環境に手を伸ばし、いじりまわしながらその特性を楽しめる環境が必要です。幼児になると、新たなものを創造して遊ぶ姿が豊かになるので、さまざまな素材や道具に出会える環境が求められます。

保育者は子どもの遊ぶ姿を見守り、その姿や発達に応じて環境を変化させていけるようにしましょう。

作戦ポイント

子どもの発達に合わせた造形遊びコーナーやアトリエを設ける。

■子どもの発達に合わせた造形遊びのコーナー

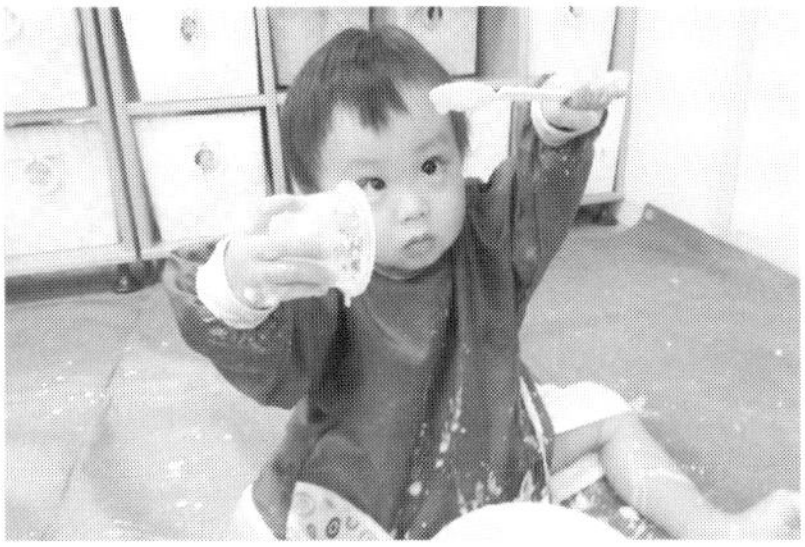

乳児にとってはすべて初めての出会い。絵の具の不思議な魅力に夢中な0歳児。

コーナーでは，子どもたちは思い思いにイメージを広げながら遊ぶ姿がある。

2歳児クラスの造形遊びコーナー。興味のある素材や道具に自由に手を伸ばし，ものを作る喜びを満喫できる。

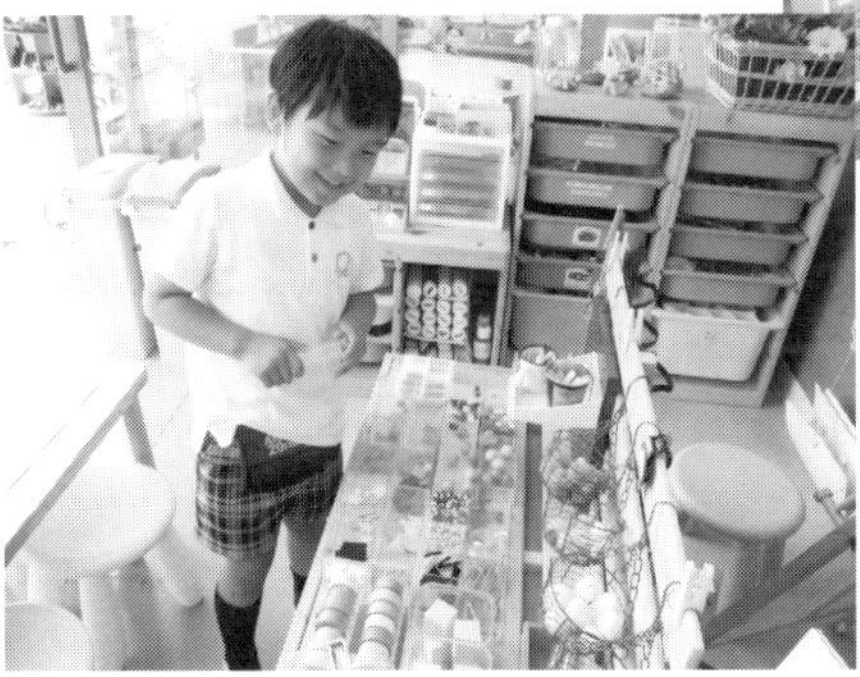

幼児の素材コーナー。遊びに必要な素材を自ら見つけ，何かに見立てたり，新たなものを創造したりしながら学びを深めていく。

7 子どものうまくいかない経験を生かす

できないことを失敗と見るのではなく、「うまくいかない経験」として捉え、子どもが挑戦し続ける姿を保障する

保育者には、「上手にやってほしい」「子どもが失敗しないようにしてあげたい」という思いがあります。その結果、子どもが簡単に成功する内容や方法を用意する傾向があります。簡単にできる、うまくできることは成功体験であり、悪いわけではありません。しかし、「なぜうまくいったのか」「失敗しないために何に気をつけるといいのか」という貴重な学びは希薄になりがちです。

子どもはうまくいかないことでも、保育者や友だちの様子を見てまねしたり、いろいろなやり方を試したりします。時間をかけてじっくりやり遂げた経験ほど学びは多く、達成感や満足感も高くなります。

できないことを失敗と見ないで、「うまくいかない経験」として捉えてみてください。「どうやったらうまくいくのか」と考え、挑戦し続ける姿を、大切な学びの姿として保障していきたいです。

作戦ポイント

うまくいかなかった原因を
みんなで考えられるように導く。

■失敗から始まったカレー作り

インド人との出会いをきっかけに，インドカレー作りに挑戦。おいしく食べられるようなカレーには仕上がらなかったが，この経験を機に，子どもたちはカレー作りを調べ始めた。

1回目のカレー作りがうまくいかなかった最大の原因はスパイス選びを間違えたことと知り，スパイスに興味をもった。

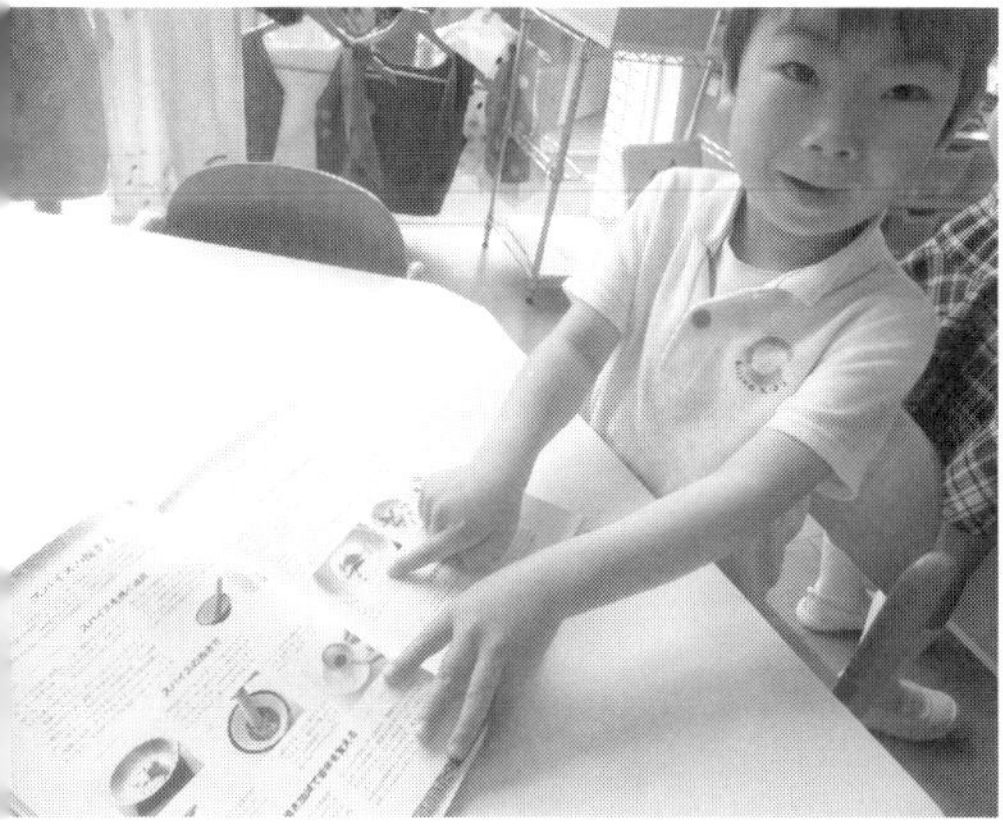

もっとおいしいカレーを作りたいと，カレーについて書かれた本を購入。知らないことにたくさん気づけて，魅力的な学びになった。

3度目のカレーは，誰もが納得するおいしいものに！　子ども一人ひとりの最高の笑顔がそれを証明。

8 周囲の保育資源を確認する

ていねいな下見が安全で質の高い園外活動を生む

子どもたちは、自然豊かな場所、のびのび走りまわれる場所が大好きです。そんな子どもたちが、安全に遊びを楽しめるよう、日々の散歩で利用する公園や、少し足を延ばして向かう地域の海、山、川、アスレチック場、キャンプ場などを、事前に下見しておきましょう。

下見では、保育者が実際に歩いたり、利用する交通機関を使ったりして目的地に向かいます。使用する可能性のある遊具やトイレなどは、実際に使ってみて危険な箇所がないかなどを確認します。

利用する施設に管理人がいる場合は、挨拶に行き、利用する日時を伝えておきましょう。

しっかりと下見をすることで、当日、子どもたちはのびのびと活動することができます。また、保育者は、実際にその場所を知ることで、子どもたちとどんな遊びが楽しめるかといったアイデアが、いろいろとわいてくることでしょう。

作戦ポイント

複数の保育者で，行動をシミュレーションしながら，安全面について確認する。

■下見のポイント

① 危険な箇所はないかをチェック

ルート：歩く道の幅，交差点の待機場所など。
目的地：遊具に破損箇所がないか，使用が可能かなど。

②トイレの確認

歩くルートのどこでトイレに行くことが可能か，目的地のトイレの場所はどこか，和式か洋式か，トイレットペーパーの有無，衛生環境はどうかなど。

③ 駐車場の把握

園バスを利用して移動する際は，駐車場の空き状況など。

④ 実際に子どもが活動することが予測される場所のチェック

子どもの背の高さを考えて，視点を変えながら保育者が使用し，確認する。

施設に管理人さんがいる場合は，危険な場所などの情報も聞いておく。

保育デザインマップの書き方

保育デザインマップでは，「子どものつぶやき・興味・関心」から「子どもの行動または予測される行動」を考え「保育者の援助」を示します。

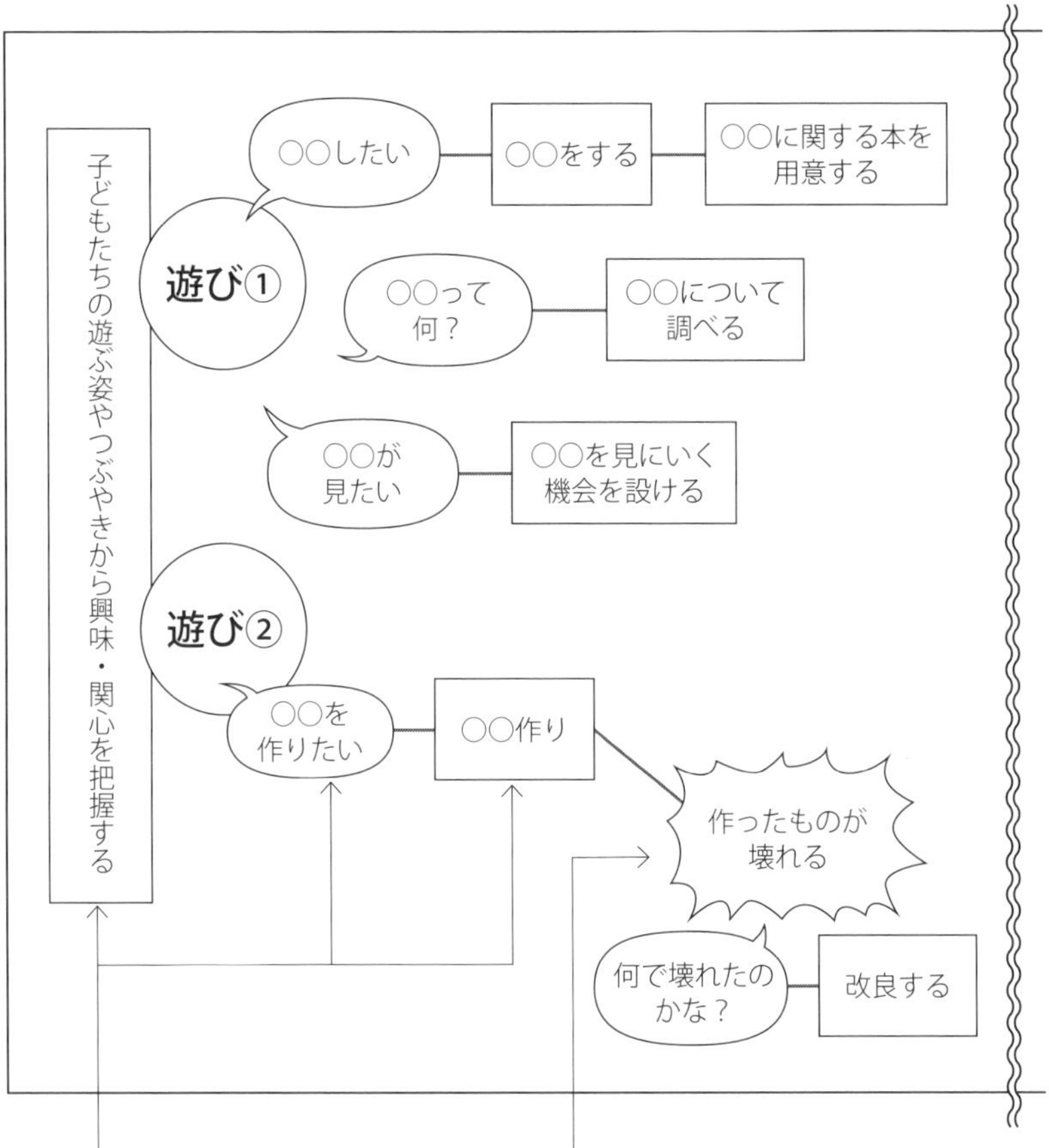

● 子どもたちのタイムリーなつぶやきは，その都度付箋に書いておくと，忘れることなく記録することができる。その日の子どものつぶやきと姿から翌日を予測し，毎日少しずつ右側に表記が伸びていく。

● 予測できないことが起こるのが保育の楽しさ。突発的，偶発的に起きたことやうまくいかなかった出来事も柔軟にデザインマップの中に記載する。

第３章

日々の保育が
スタートしたら
1日の流れを作る
保育の10作戦

1 掲示をこまめに更新する

掲示は、子どもの興味の変化や、遊びの発展に応じてタイムリーに替えていく

子どもの興味があるものや、その季節に合った写真などを、子どもの目にとまる場所に掲示します。子どもは掲示をヒントにして遊びを広げたり、新たな視点をもったりします。コーナーには、それぞれのテーマに関連した図鑑や絵本などの、内容が詳しく書かれているページのコピーを掲示します。

掲示によって、子どもは自発的にチャレンジをするようになったり、興味を広げたり、深めたりします。そのためにも、掲示は貼りっぱなしにせず、子どもの興味の変化や、遊びの発展に応じてタイムリーに替えることが大切です。

例えば、次のようなものを掲示します。

・植物や虫、動物や乗り物などの写真
・人物またはキャラクターの写真やイラスト（子どもたちのなりたい職業など）
・見本となるもの（色・縫い方・作り方など）
・子どもたち自身で調べたことを書いた紙

作戦ポイント

遊びが広がることを意識した，掲示を工夫する

■子どもの遊びが広がった掲示

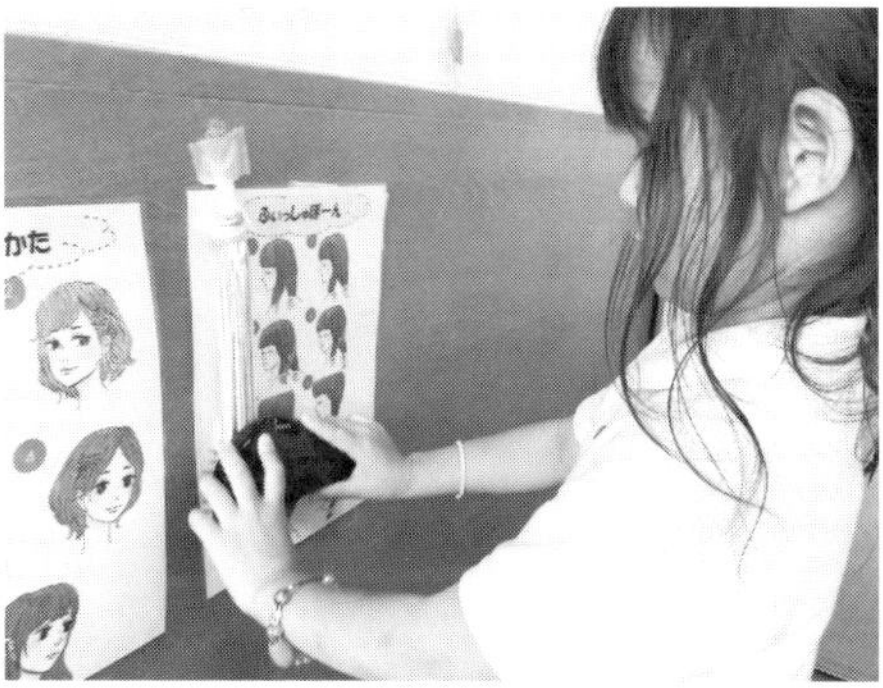

子どもの髪を結う姿に興味をもつ子どもがいたことから，保育者が編み込みにチャレンジできる掲示を用意。

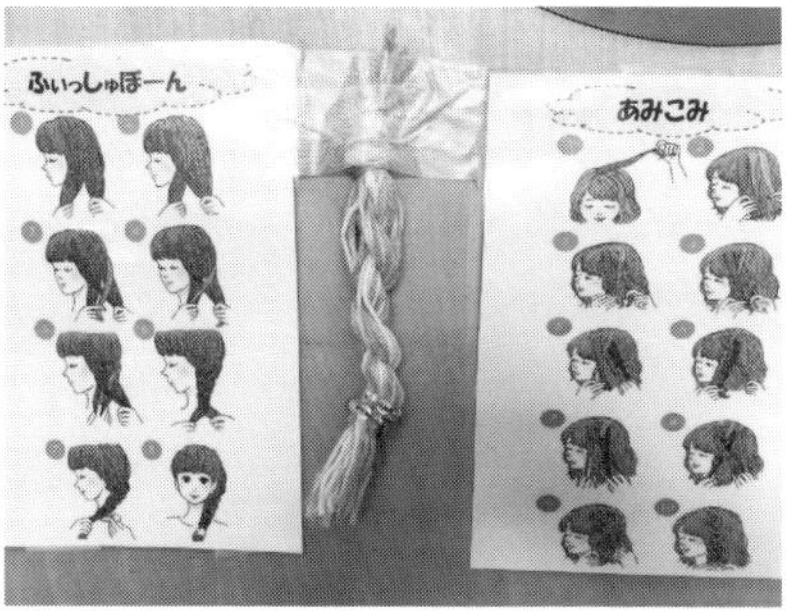

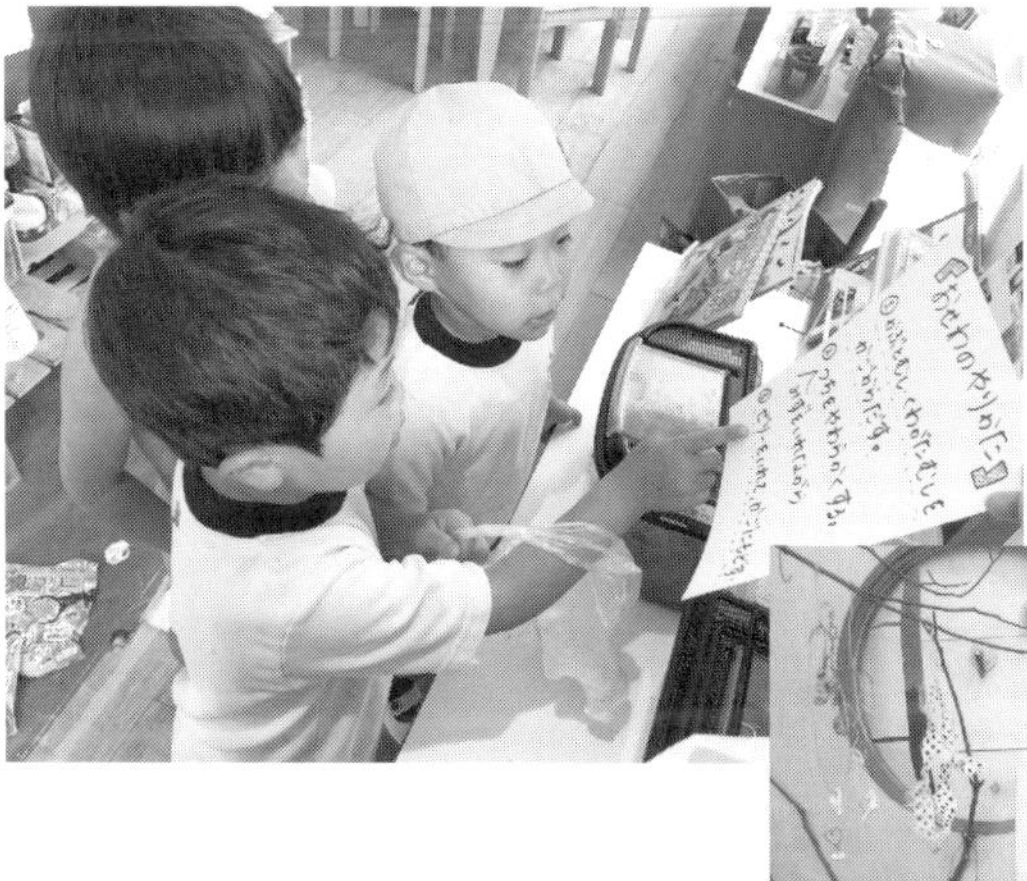

虫を飼育しているコーナーに世話の手順を書いた紙を掲示。自分たちで考えて世話ができるようになった。

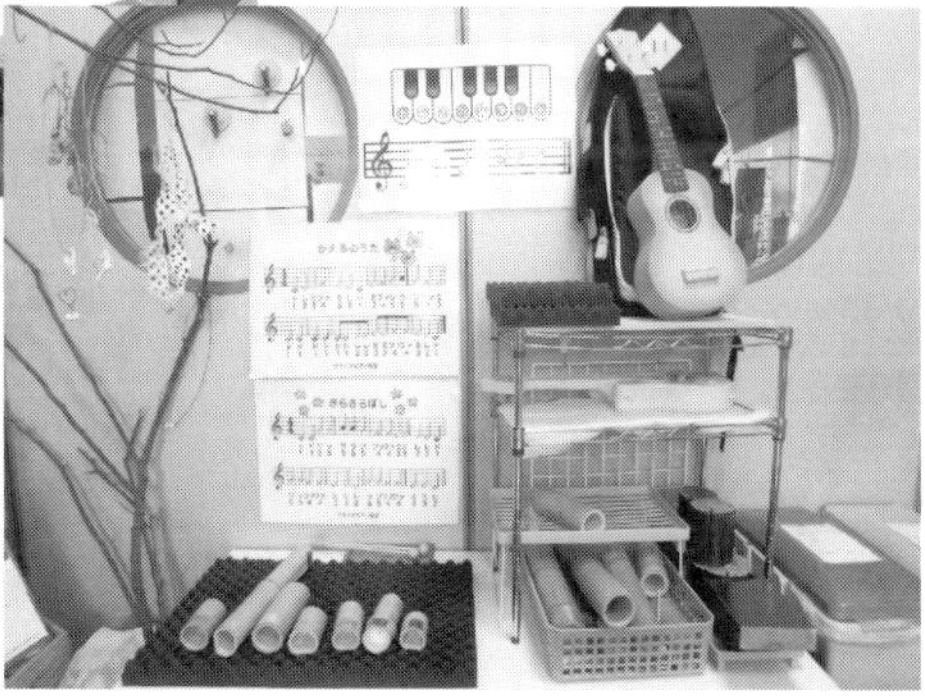

楽器コーナーには，ピアノの鍵盤や音符・音階が書かれた紙を掲示。「音」に興味をもち，演奏を楽しむようになった。

2 朝の会でその日の保育を決める

朝の会で子どもの声を聞き、その日、そのときの子どもの興味・関心を保育に生かす

朝の会は、子どもの、その日、そのときの「やりたい」をかなえるための、話し合いの時間にします。そして、その日の目的を互いに共有できるようにします。

保育者が伝えたいことやクラスの中で解決したいことがある場合にも、朝の会で共有します。

その際、「お部屋がきれいじゃないから、片づけましょう」などと保育者から提案するのではなく、「先生、最近お部屋がきれいじゃないことに困っているんだけど、みんなはどう思う？」などと伝えて、子どもが考えられるようにしましょう。約束事やルールを決める際も保育者主導ではなく、子どもが主体になるようにします。

月曜日には、「今週の月～金曜日にやりたいこと」をテーマに、みんなの思いを出し合い、1週間の見通しがもてるようにしましょう。

作戦ポイント

朝の会で，その日に「何をやりたいか」「どこに行きたいか」，話し合いの時間をもつ。

■朝の会の様子

保育者が介入するときは，子ども一人ひとりの「やりたい」がかなうような提案をする。

＜例＞

A
「鉄棒がしたい」

B
「ドッジボールがしたい」

保育者
「ドッジボールと鉄棒ができるところはどこかな？」

AとBで２つの遊びができる場所を話し合う

朝の会では，子どもたちが興味をもって家庭で調べてきたことや朝ごはんで食べたものなど，自由に伝え合う「発表タイム」をつくる。

3「本物と出会う」保育を用意する

本物との出会いは子どもの探求心を育てる。保育者は情報のアンテナを立てておく

本物との出会いは、子どもの探求心を育て、遊びを深め、リアルに近づくきっかけになります。保育者はコーディネイターとして、子どもと本物をつなぐ役割を果たします。

そのために、地域に、どのような産業や文化があり、どのようなお店があるのか、そこにはどのような仕事をしている人がいるのか、どのような技術者や専門家、職人がいるのかを調べておくことが大切です。

情報誌や地域放送などに、情報のアンテナを立てておくのもよいでしょう。

子どもが地域の「本物」と出会う機会には、事前に、保育者自ら挨拶に出向きます。そこで、今回の訪問の目的とともに、「子どもがどのようにして遊んでいるか」「どれだけ熱意をもって取り組んでいるのか」などを伝えましょう。この事前のやりとりによって、子どもたちの訪問がより充実したものになるに違いありません。

作戦ポイント

子どもの興味にかかわる「本物」を見つけ出し，出会いの機会を作る。

■「本物」との出会い

デザイナーのところに出向き，子どもたちが作った洋服の写真や，作った服を持参。縫い目などもデザイナーの方に見てもらい，子どもたちがどれだけ本気で服作りに取り組んでいるかを伝えた。

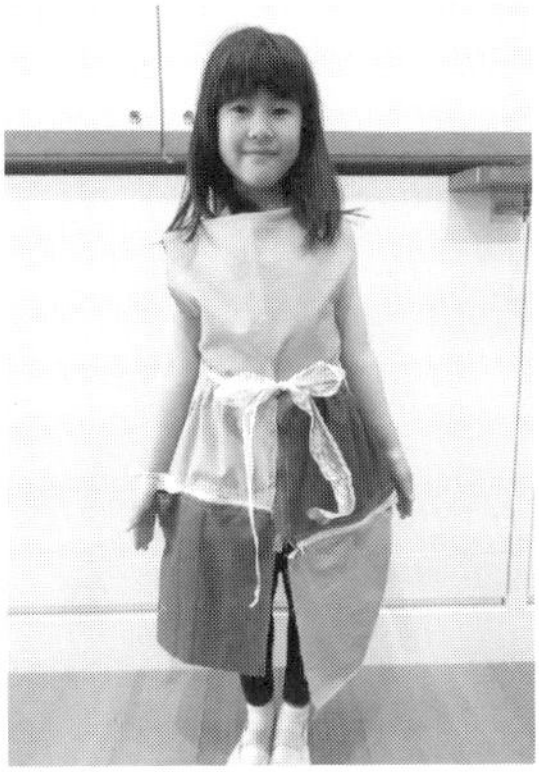

デザイナーのアトリエで見た新作の服に刺激を受けて，翌日から作り始めた服。ファスナーを多様するアイデアを取り入れていた。

ラーメンやさんごっこを楽しんでいた２歳児。担任が地域のラーメンやさんに食べに行き，店主と仲よくなり，子どもたちがラーメン作りを見学する機会につないだ。

楽器作りを楽しむ中で，子どもたちが草笛に興味をもった。担任は地域の草笛名人を探し出し，地域の方と一緒に草笛教室に参加した。

4 子どもの「群れる」を大切にする

子どもが群れたくなるような興味深い遊びや活動を提案する

子どもは、興味のある遊びを、数人の集団を作って楽しみます。その単位は2人から始まり、5人、6人と成長に合わせてしぜんに増えていきます。群れができると会話が生まれ、遊びがさらに広がります。互いに刺激を受け合うことで、新たな意欲が引き出されていきます。

大切なのは、共通の興味や関心を通して「子ども同士がまとまっていこうとする」営みを保育者が十分に理解していることです。保育者は、子どもが思わず群れたくなるような興味深い遊びや活動を提案し、しぜんに「まとまり（＝群れ）ができていく」ようにします。

提案するときのポイントは次の3点です。

①　子どものつぶやきをキャッチし、「〇〇したい」を具体的に提案する。

②　提案する遊びや活動に必要な「遊びのコーナーを作る」「時間を確保する」「関心のある場所に出かける」。

③　必要に応じて、保育者も一緒に遊んだり活動したりする。

作戦ポイント

みんなが群れたくなる場所を作る。

■低年齢児クラスの「群れた」事例

２歳児クラス。一人の子が木々の茂みの中にトンネルを見つけて覗いていると，「私も入れて！」「何が見える？」と次々に友だちが集まってきた。しばらくすると茂みのトンネルは，５人の子どものすてきなおうちに。

２歳児クラス。造形遊びコーナーで友だちがのりづけを楽しんでいる姿を見つけ，「私も入れて！」と次々に集まってきた。気がつくとテーブルは女の子で満員に。

０歳児クラス。ずり這いができるようになると，しぜんに興味のある場所へ移動を始める。さまざまな成長スピードの子どもが群がり互いに刺激を受け合う。

散歩で。一人の男児が側溝を夢中になって覗いていると，「何やってるの！」「何か見つけた？」とクラスの仲間が集まってきた。最後はみんなでカエルを見つけることに成功。

5 製作途中の作品も展示する

遊びは継続、発展するもの。いつでも続きができる環境作りを大切にする

遊びが継続し、発展していくためには、いつでも続きができる環境作りが大切です。

とくに、製作物は保管を工夫します。例えば、製作途中の作品は、子どもが見て、自分のものだとわかり、子どもの手が届く場所に展示します。

完成した作品は、ほかの子どもの刺激にもなるように、魅力的に室内に展示します。

刺繍の製作では、でき上がり作品を額縁に入れて飾ったところ、まだ製作途中の子どもも、自分の作品を額縁に入れて飾ってもらうことが目標になり、がんばる姿につながりました。

2・3歳児では、自分の作った作品を忘れてしまうこともあるので、子どもの顔写真を作品に付けるのも一つの方法です。

完成したものを額縁に入れて展示。

作戦ポイント

製作途中の作品は，子どもが自分で取って戻せる展示をする。

■製作途中の作品

製作途中の服はハンガーにかけて展示。

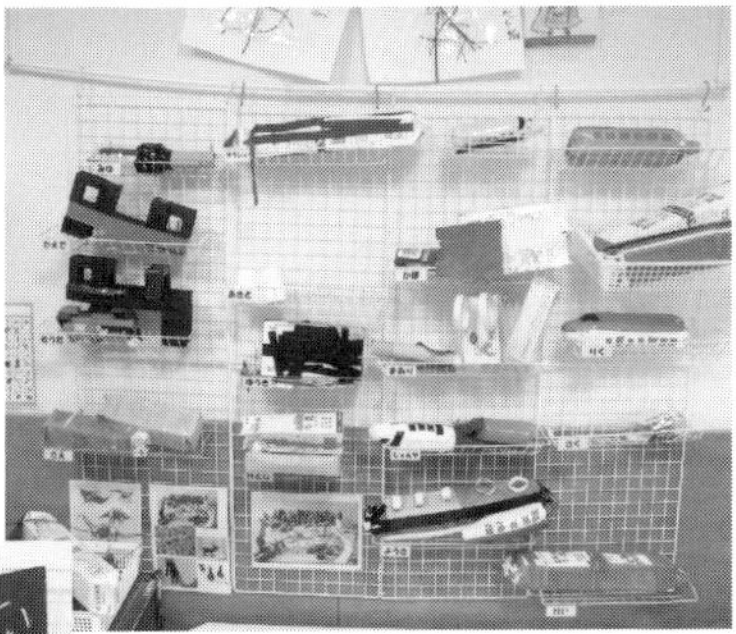

個別に作品を置けるラックを用意。子どもが自分で取ったり戻したりできる。

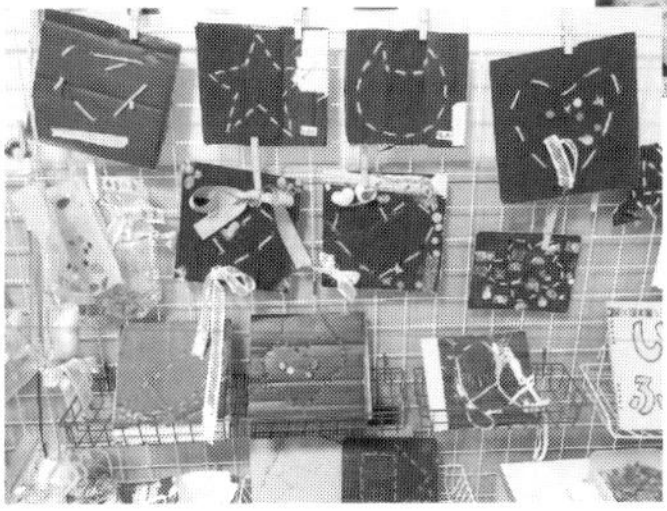

壁に金網のラックをつけ，作品を洗濯ばさみで挟んで展示。

■完成した作品

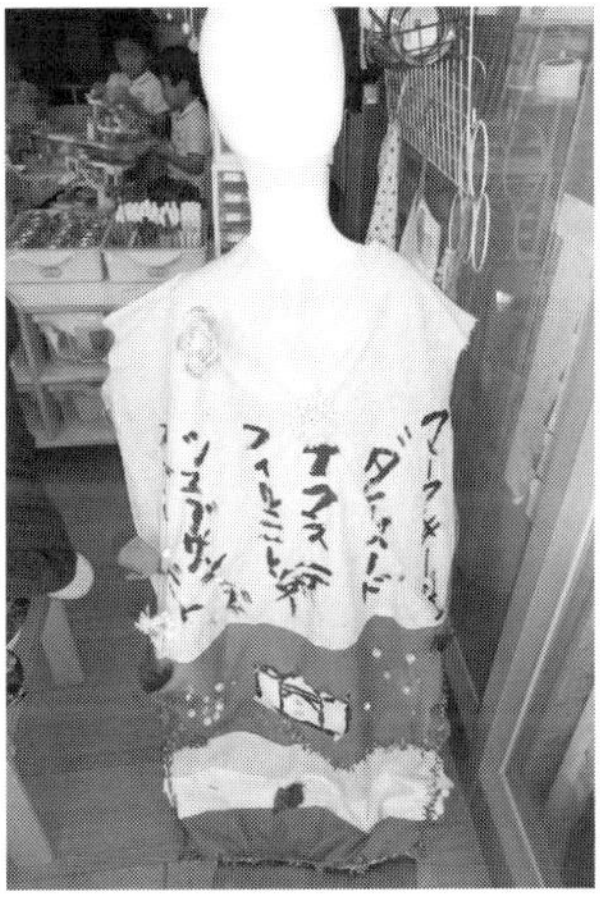

インドがテーマのドレスは，本物のマネキンに着せて飾った。

子どもの手が届く棚の上には製作中の作品を，ラックには完成した作品を飾る。

6 ランチタイムを子ども主体に考える

食べることを楽しむことは、生きることを楽しむこと。子どもの気分が尊重されるランチタイムにする

園生活の中で昼食の時間は、子どもにとっても保育者にとってもとても楽しみな時間です。午前中の遊びの中でエネルギーを使えば使うほど、その味はますますおいしくなることでしょう。

昼食はまた、食事という大切な生活習慣の獲得につながる時間でもあります。そのため、「正しい姿勢で」「残さず食べる」など、たくさんのルールを設けている園もあるでしょう。しかし、それ以上に大切なのは、「食べる喜び」や「友だちと一緒に味わう楽しさ」など、豊かな経験をすることです。

子どもも、その日の体調や運動量などによって食べられる量は違います。食欲がない日もあります。その意味でも、まずは子どもの「どこで食べたいのか」「誰と食べたいのか」「どれぐらい食べたいのか」などを聞いてほしいと思います。

そして、「テーブルで食べたい！」「みんなでワイワイ食べたい！」「外を見ながら静かに食べたい！」など、子どもの「気分」を尊重するようにしましょう。

作戦ポイント

子どもの「気分」が尊重される しかけを用意する。

■子どもが選べるしかけの事例

幼児クラスの子どもたちは，ランチルームを自由に活用。食事はビュッフェスタイル。

自分で食べる場所を選べるよう，テーブルやカウンターをいろいろな場所に配置する。

ベランダなどの外にもテーブルを置く。子どもに人気。

＊コロナ禍においては，感染症対策として，向き合って食事をすることは避けています。

7 素材や道具は，手に取りたくなるように並べる

ただ置く、ただ並べるだけではなく、どう置くか、どう並べるかを工夫する

子どもが使いたいと思ったときに使いたいものがある環境は、子どもの意欲を高め、達成感にもつながります。

ただ手に取りやすいだけでなく、それを使って遊んでみたくなるような並べ方や彩りを考えましょう。

例えば、製作遊びの素材は、子どもが手に取りやすい状態で用意しておきます。容器を透明なものや取り出しやすいものにして、種類や色ごとに分けて並べておきましょう。

同じ素材でも、遊びのテーマによって、ストローや割り箸をそのままの長さで出しておいたり、3～5センチ程の長さに切っておいたりします。

子どもの興味や成長に応じて、何を出すか、どのような形状で出すかを考え、変化させていくことも大切です。

作戦ポイント

素材や道具自体が，装飾になるように並べる。

■素材の並べ方の事例

５歳児クラスの女児を中心にフラワーアレンジメントに興味をもっていたため，室内にいつでも花が使える環境を用意。保育室の天井に長い木の枝をかけ，その木の枝に花を吊るしてハサミで切って使えるようにした。

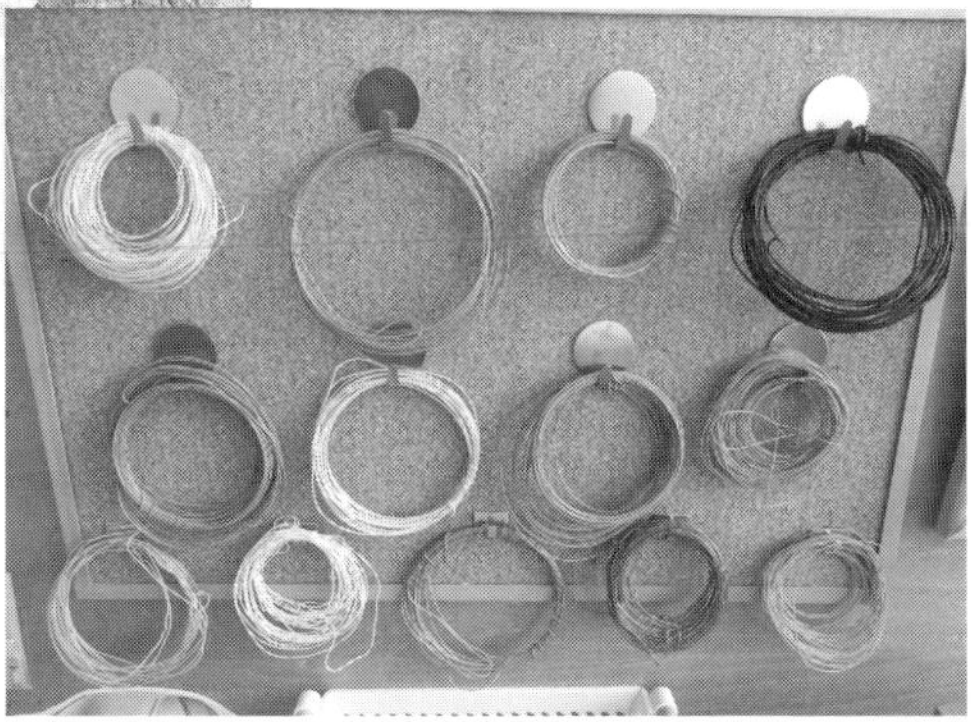

立体的な造形表現をする素材として適したワイヤー。使いやすい長さで巻き，コルクボードに色ごとにフックにかける。

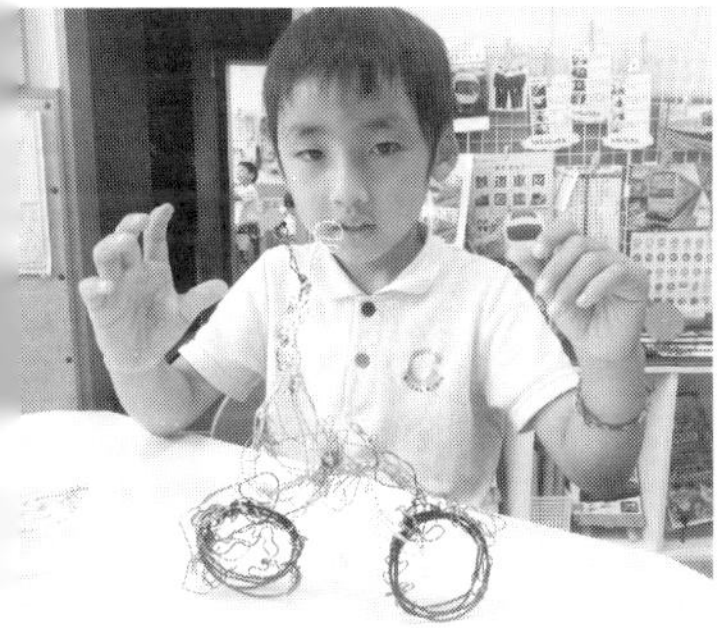

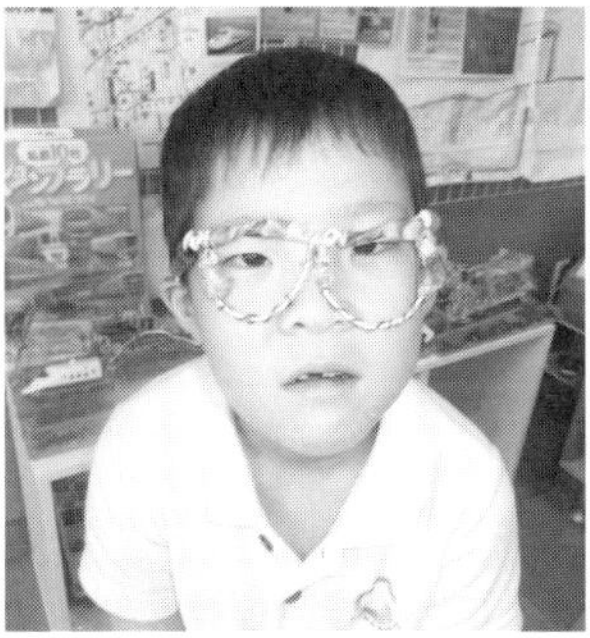

色ごとに並んだワイヤーから，さまざまな作品が生まれた。

8 子どもがほっとできる場を用意する

子どもが自分自身で元気になることができるくつろぎの場を作る

園内の子どもの様子をよく見ていると、静かにじっとして、何もしていない子どもの姿があることに気づきます。その子どもは、何もしていないように見えるかもしれません。しかし、ただ休んでいるのではなく、元気な自分を取り戻すために大切な「くつろぎ」を、自ら確保しているのです。

子どもは好きな遊びに出会うと、全力で活動します。しかし、遊んだ後には、疲れた心身を休めるために、くつろぎを確保しようとします。それは、「いきいきと活動する（＝がんばる）自分」と「くつろぐ（＝がんばらない）自分」とをくり返しながら、潤いのある生活を送ろうとしている子どもの姿です。

子どもがくつろぐために大切なのは、本人が「誰からも見られていない（＝干渉されていない）」と感じられる状態にあることです。そのために誰にも邪魔されることなく、一人でいられる空間が必要です。

保育者は、くつろぎの空間をデザインすることも忘れないようにしましょう。

作戦ポイント

子どもが「身を隠し」ながら「一人になる」ことができる空間をデザインする。

■子どもがくつろげるスペースの例

保育室の片隅にあるロフト。子どもにはちょっとした隠れ家になる。保育者は小窓を通して中の様子がわかる。

玄関にあるソファー。友だちや保育者から離れられ，干渉されない静かな空間として重宝されている。

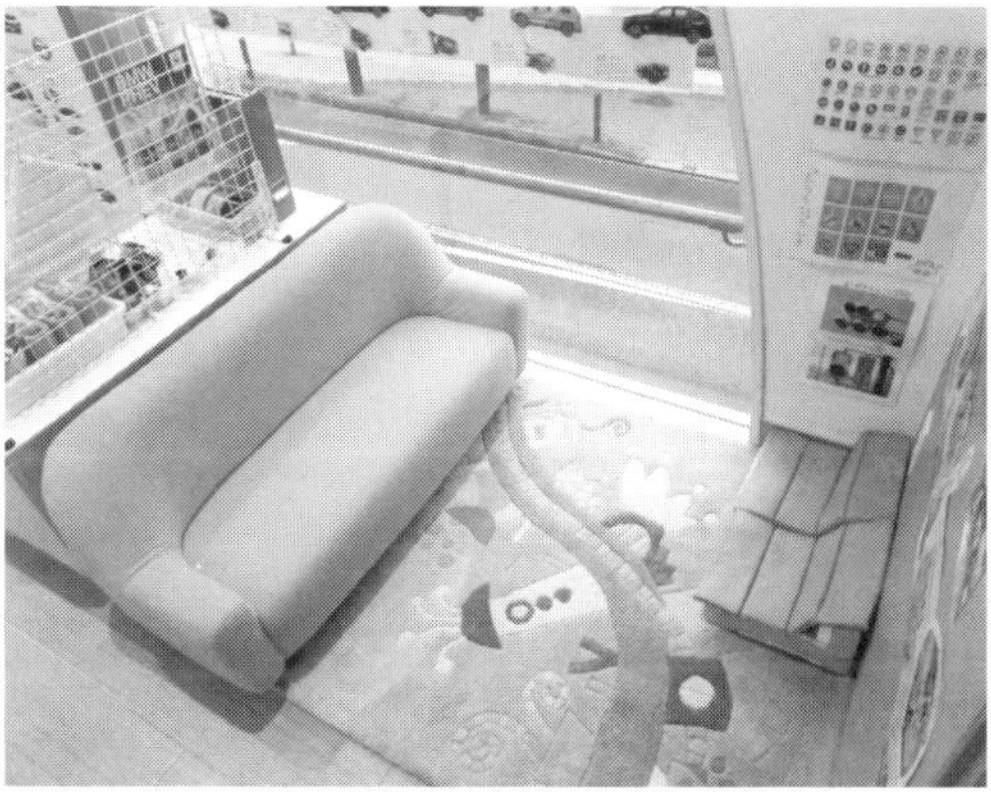

保育室の片隅にソファーとカーペットを用意。気軽にくつろげる空間ができたことでクラスのざわつきもしぜんとなくなった。

9 遊びをドキュメンテーションにまとめる

子どもと一緒に作るドキュメンテーションで「豊かな振り返り」を引き出す

遊びを振り返るツールとして、遊びの経緯を、写真と簡単な言葉でわかりやすく、まとめたドキュメンテーションを掲示します。クラスみんなで作成します。

① B5のノートを用意し、保育者が撮った子どもの作品の写真を、ノートに貼る。

② ノートの自分の作品が貼ってあるページに、工夫したことやお気に入りの部分などを記入する（書きたい子どもは自分で「たのしかった」などと書いたり、保育者が代筆したりする）。

③ 保育者は、子どものコメントをもとに、ドキュメンテーションを作る（模造紙に、遊びの経緯にそって写真を貼り、子どもたちがノートに記入したことと保育者のコメントを、簡単に書き込む）。

子どもたちが記入した作品ノートは、手の届く場所に置き、いつでも開いて遊びを振り返ることができるようにします。作品ノートとドキュメンテーションは、子どもが遊びを発展させたり、自分の成長に気づくきっかけになります。また、遊びを振り返ることで友だちとの対話を生み出します。

作戦ポイント

ドキュメンテーションの元となる，作品ノートをまず作る。

■子どもと作るドキュメンテーションの例

●日付

●子どものつぶやき

写真にふきだしをつけ，子どもたちが実際に言った言葉を書く

●見出し

遊びの様子がわかりやすいタイトルをつける

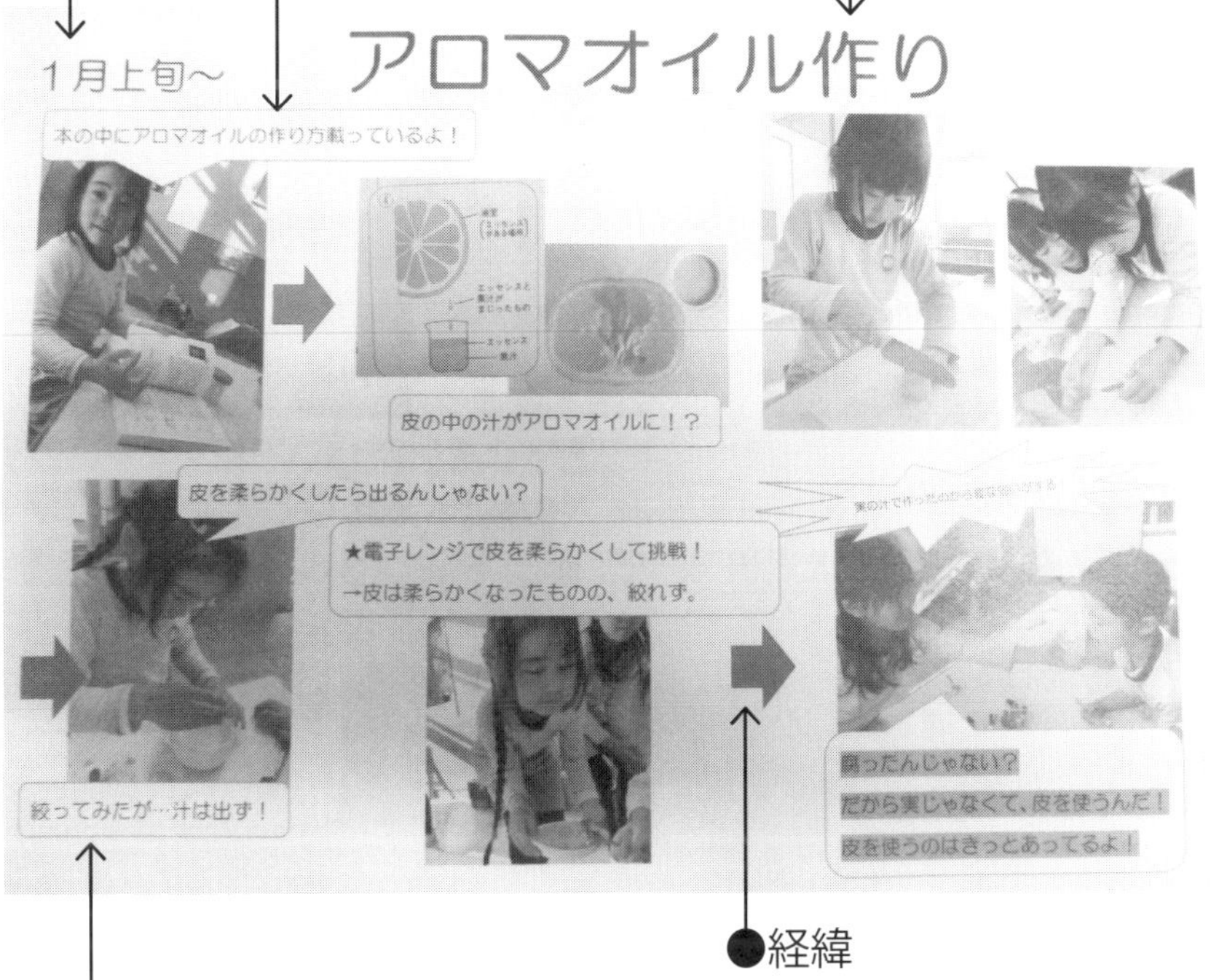
1月上旬～
アロマオイル作り
本の中にアロマオイルの作り方載っているよ！
皮の中の汁がアロマオイルに！？
皮を柔らかくしたら出るんじゃない？
★電子レンジで皮を柔らかくして挑戦！
→皮は柔らかくなったものの、絞れず。
絞ってみたが…汁は出ず！
ったんじゃない？
だから実じゃなくて、皮を使うんだ！
皮を使うのはきっとあってるよ！

●経緯

どのような流れで遊びが発展していったのか経緯を書く。活動の流れがわかるように写真の後に矢印をつけるとよい

●説明

写真の状況やそのときに起こったことの説明を20文字程度にまとめる

10 帰りの会に「発表タイム」を設ける

発表し合う経験を通して互いに刺激し合い、意欲や達成感につなげる

帰りの会に、遊びの中で作ったものなどを友だちに紹介する「発表タイム」を設けてみましょう。発表し合うことで互いに刺激を受け、次への意欲や達成感を得られます。

みんなの前で話すのが恥ずかしい子どもには、保育者が代わりに伝え、何と伝えてよいかわからない子どもには、保育者が伝える内容を一緒に考えたりしながら、少しずつ自分の言葉で伝えられるようにしていきます。

「○○を作りました」としか言わない子どもには、保育者が「いちばんがんばった部分はどこですか？」「気に入っているところはどこですか？」などと質問をして、自分の気持ちを言葉にする経験を積ませていきましょう。

異年齢クラスで帰りの会をおこない「発表タイム」を設けると、年下の子どもが年上の友だちの作品や遊びに興味をもったり、年上の子どもが年下の友だちにアドバイスをしたりする機会にもなります。

作戦ポイント

「発表タイム」を設け，子どもがその日の活動を発表する。

■発表タイムの流れ

① 保育者が１日の振り返りを簡単に話す（その日の出来事など）。

②「発表したいことがある人はいますか？」と保育者が全体に呼びかける。

③ 発表したいことがある子は手をあげる。

④ 保育者が手をあげている子どもの名前を順番に呼ぶ。

⑤ 名前を呼ばれた子どもは，前に出て伝えたいことを話す。または自分の作った作品などを見せる。

３歳児の発表タイム。最初はみんなの前で作品を見せることから始める。

発表する子どもは前に出る。話を聞く子どもたちは，保育者と発表する子の顔が見える位置に座る。

Column

「保護者」や「地域」を巻き込み，子どもの夢をかなえる

これまで，保育者が職場の同僚と協力し合い，園のカリキュラムや園内の環境を最大限活用しながら，どうにかして最大限の効果を引き出そうと孤軍奮闘する姿を見てきました。一生懸命努力する姿がある一方で，明日の意欲まで潰えてしまうぐらい疲れ果てている保育者の姿もたくさん見てきた気がします。

大切なことは，何より「保育を楽しみ続ける」こと。そのためにも，自分に与えられたエネルギーの中で，最大限の成果を生み出していくことが大切なのではないかと考えます。

1日に使えるエネルギーには限りがあり，何をするにしても努力をすれば必ず疲れるはずなのです。同じ疲れるなら，1日の終わりに充実感や達成感，また明日への期待が感じられるような働き方をしたいものです。

そのためにも，すべてのことに保育者ががんばるのではなく，自分のよさを生かせるものを優先し，あとは保護者や地域の力を借りてほしいと思います。第三者の力を信じて活用することもすてきなことだと思うのです。

園児の保護者や周囲の地域資源の中には，保育につながるたくさんのヒントや魅力が隠れています。ぜひ，今まで見えにくかったそれらの魅力にスポットライトを当ててみてください。保育を楽しむきっかけにつながっていくはずです。

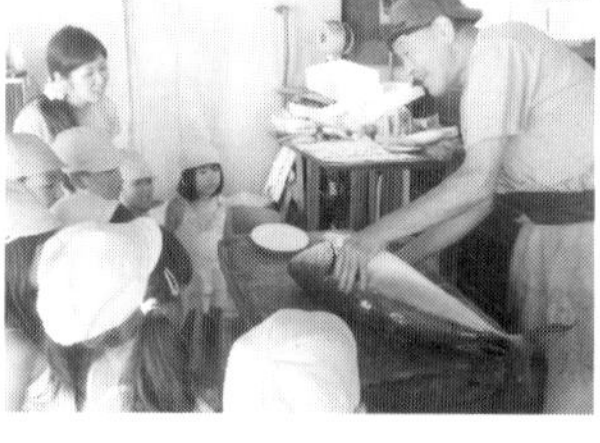

第4章

毎日の保育が
スムーズにいくために
クラス活動
とことん10作戦

1 ごっこ遊びのコーナーを作る

ごっこ遊びのコーナーは、子どもが「見立てる」ことを楽しめて、なりたい人になれる場にする

子どもは、散歩中に目にしたり、家族と行ったりしたお店に興味をもつと、再現してみたいという思いが芽生えます。そこで、「ラーメンやさんになってみたい！」などと、子どもたちの興味（模倣したいもの）が明確になったら、それを実現できるごっこ遊びのコーナーを用意しましょう。

コーナーは、保育者だけで考えるのではなく、子どもたちにイメージや希望を聞きながら、一緒につくり上げていきます。

子どもが再現をして遊ぶときの参考にできるように視覚的にわかりやすい写真を掲示したり、子ども向けの図鑑や、ときには大人向けの写真主体の専門雑誌などをコーナーに置いておきます。

本物の道具なども必要に応じて用意していくと、よりリアルなごっこ遊びへと発展していきます。

作戦ポイント

子どもの「やってみたい」「なりたい」をキャッチしたら，再現できるような環境を用意する。

■2歳児のレストランごっこのコーナー

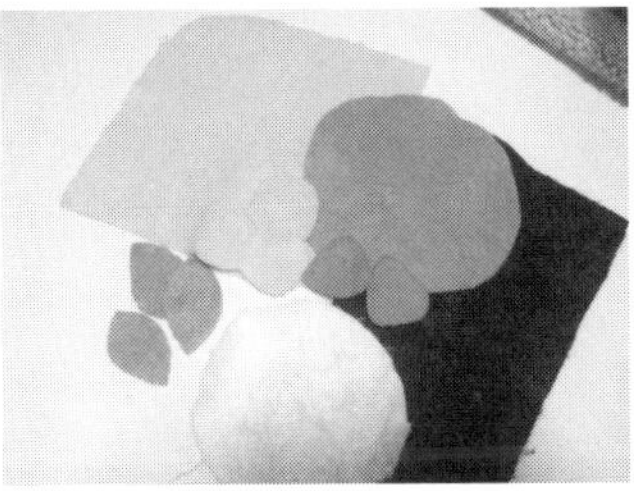

どんな食べ物にも見立てられるような形にしてフェルトを用意。

フェルトを使って再現できそうな食べ物の写真を掲示。

■ラーメンやさんごっこのコーナー

メニューは保育者が書いて貼り，看板は造形遊びの中で，切り絵として子どもたちが作る。

ラーメンの麺や具をタッパーに入れ，ラーメンの写真の掲示。トングや器は本物を用意。

ラーメン屋さんが頭に巻いている黒いタオルを用意。湯きりの道具は造形遊びで保育者が子どもの前で作って見せる。

2 切るだけ，貼るだけのコーナーを作る

作品作りを目的にせず切りたい、貼りたい、さわってみたいという子どもの気持ちが満たされる場をつくる

何らかの作品作りを目的にした造形遊びのコーナーではなく、ハサミを使ってひたすら紙を切る、セロハンテープを切り続ける、たくさんのりで貼るなどを、とことん楽しめるコーナーを作ります。

ある子どもは、セロハンテープを1時間、くり返し切り続けていました。長く切ったり斜めに切ったりと、「セロハンテープで何かを貼る」という本来の目的ではなく、「セロハンテープを切る」という行為自体を楽しんでいました。それによって、セロハンテープは一方の面だけが貼りつくことや、丸めるとくっつき合うことなど、特性に気づくことができました。

子どもたちが、切り続けたり貼り続けたりしたものは、保育者が生き物や植物などに見立てて作品にします。すると、子どもたちも、自分が切った紙などを何かに見立てて楽しむようになっていきます。

作戦ポイント

ハサミで切る，のりで貼る，セロハンテープを使うなど，道具の使用を目的にしたコーナーを用意する。

■コーナーでの子どもの姿

ひたすらセロハンテープを切る。

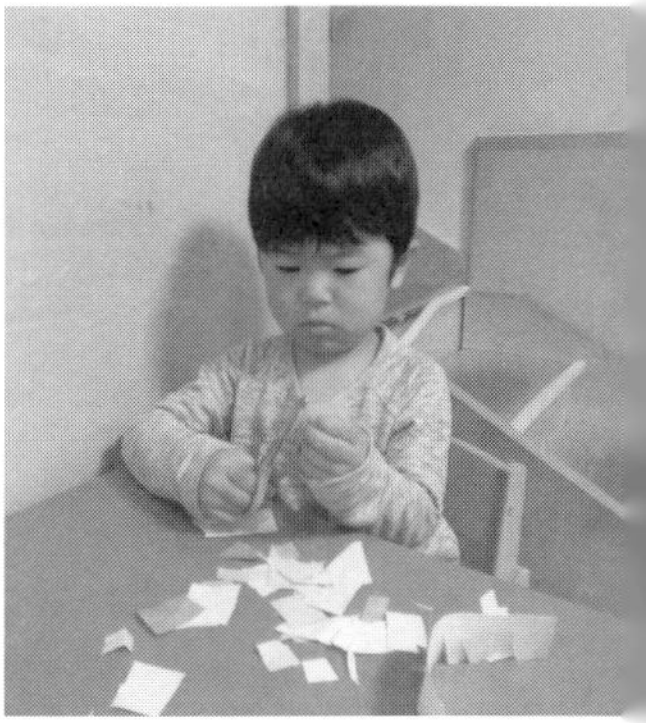

ひたすら紙を切り続ける。

ひたすら貼る。

子どもたちが切った紙を保育者が動物（キリン）に見立てて壁に飾ると，子どもたちもまねて，動物に見立て始めた。

3 つなげる，積み上げるをとことん楽しむ

線路をつなげる、ブロックを積み上げるなどの遊びがとことん楽しめる環境を用意する

線路をつなげて長くしていく、つみきやブロックを積み上げて何かに見立てる、といった遊びをくり返し楽しむ中で、しぜんと構成力が培われ、遊びが発展していきます。

ただし、遊びが発展するためには環境も大切です。例えば、棚や壁に線路の写真を掲示するなどして、より具体的なイメージをもって線路や電車の遊びができるようにしていきます。最初は、写真を見てまねして作ろうとしますが、次第にオリジナルの線路を考えて作るようになっていきます。また、線路をつなげて長くして遊んでいる中で、電車など、乗り物に対する興味が高まっていきます。

すると、ブロックなどで電車を作って線路の上を走らせる子どもが出てきます。そのうち、電車に乗りたいという気持ちが芽生え、電車ごっこが始まったりします。このようなとき、保育者が、子どもたちが乗れるサイズの電車を段ボールで作って用意をすると、段ボールの電車に乗ることにつながり、さらに、駅員さんや乗客になりきるごっこ遊びへと発展したりします。

作戦ポイント

線路やつみき，
ブロックなどを十分に用意し，
構成遊びをとことん楽しめるようにする。

■線路遊びからごっこ遊びへの発展

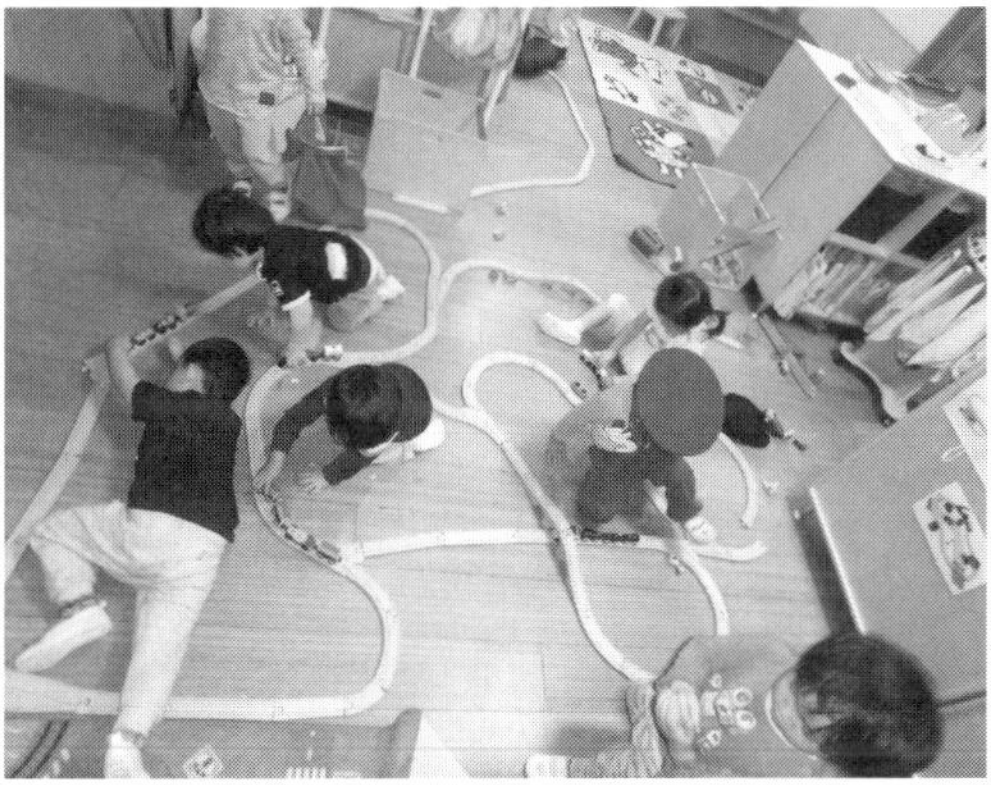

段ボールの電車に絵の具で色を塗る，四角に切っておいた画用紙を子どもたちに貼ってもらうなどすることで，しぜんと造形遊びにもつながっていく。

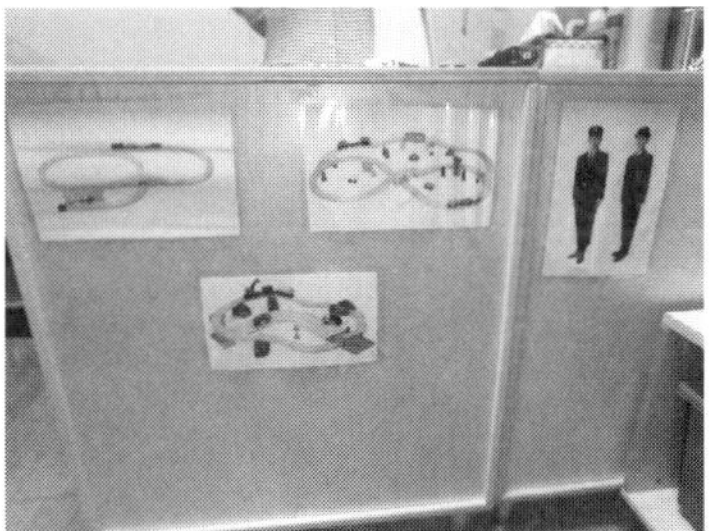

線路のつなぎ方がイメージできる写真を用意。

ブロックに駅の看板の写真を貼ってよりリアルに。

4 新たな出会いを交流につなぐ

本物との出会いを継続的な交流につなぐ

子どもたちが新たな興味と出会ったり、興味を深めたりするうえで、さまざまな「本物」との出会いがとても大切だと書きました（56ページ参照）。さらにその出会いを、継続的な交流へとつないでほしいと思っています。

なぜなら、「本物」との交流から、新たな気づきや発想が生まれ、「もっと本物に近づきたい！」という思いが生まれるからです。そして、子どもたちはさらに遊びを探究していくようになります。

また、疑問に思ったことを、「自ら質問をすること」で積極的に問題解決を楽しんでいく姿も出てきます。

子どものニーズに合わせ交流を計画するときは、保育者が事前にお店などに連絡を入れ、詳細を伝えましょう。子どもの興味や保育者の熱意を先方に感じてもらうことで、より交流がスムーズになっていきます。

作戦ポイント

子どものニーズを把握して，継続的な交流を計画する。

■駅員さんとの出会いから広がった交流と遊びの発展

ホームで本物の新幹線を見学させてもらった。

駅のショップの店員さんとも出会い，交流する。

駅員さんに質問する機会には，それぞれが積極的に話をした。

駅構内を見学中，偶然，電光掲示板の修理をしている方と出会った。

工事の姿に刺激を受け，防災用のヘルメットをかぶり段ボールの電車の修理を始めた。

5 絵本の読み聞かせを保育に生かす

子どもが読み聞かせをする機会を作り子どもの「読む」意欲を高める

朝の会や自由保育の時間、保育活動や活動の導入など、保育者はさまざまな場面で読み聞かせをおこないます。中でも、子どもたちに何か大切な話をする前の読み聞かせは、落ち着いた環境を作るうえで有効です。子どもたちは集中力を持続したまま、保育者の話を聞くことができます。

また、保育者からくり返し絵本を読んでもらう中で、子どもは、自分でも読み聞かせをしてみたいと思うようになります。そこで、子どもが読んでみたい絵本を選び、友だちに読み聞かせをする機会を作るようにしてみましょう。

その際、上手に読むことよりも、まずは子どもの「読みたい」という気持ちを大切にします。最初は保育者がうしろに控え、読めない文字があったときなどは、一緒に読むようにするとよいでしょう。

子どもが読み聞かせをすることで、「読む」ことへの意欲が高まるとともに、聞いている人に伝わる読み方を工夫するようになります。

作戦ポイント

子どもの「読み聞かせをしてみたい」という思いが実現できる場を作る。

子どもが読み聞かせをするときは近くに保育者がいて，いつでもフォローできるようにする。

■保育者の読み聞かせポイント

声の大きさを調節するの

あえて小さい声で読むと，子どもたちの「聞きたい」という気持ちが高まり，より集中し，耳を澄まして聞こうとする。

途中に子どもたちの名前を入れる

絵本に飽きてきた子どもがいるときには，物語の中にその子どもの名前を入れると，いっきに絵本の世界に戻ってくる。

間をとりながら読む

一つひとつの言葉をていねいに読むことで，子どもたちが「言葉」に興味をもつきっかけになる。

6 いつでも自由に園庭で遊べるようにする

子どもが自由に園庭環境とかかわり、豊かな遊びを生み出していく姿をじっくり観察する

園庭には、暑さや寒さに負けず、時間も忘れて夢中になって遊ぶ子どもの姿があります。そして、子どもたちは、季節の移り変わりとともに変化する園庭環境をうまく活用しながら、豊かに遊びを展開しています。

何より大切なことは、園庭が自由に遊べる魅力溢れる空間であるという保育者の意識です。園庭に固定遊具があることも魅力的ですが、必要以上の遊具は不要です。また、園庭での遊び方に必要以上の制限をかけたくはありません。なぜなら、保育者の安全管理のもと、子どもが自由に園庭環境とかかわることで、豊かな遊びが生み出されていくからです。保育者は、子どもたちのユニークな発想、創意工夫しながら遊ぶ姿を大切にしたいものです。

園庭で、「子どもがどのように環境とかかわり」「それらの環境をどのように生かし」「次にどんな遊びの可能性があるのか」をじっくりと観察しましょう。

作戦ポイント

子どもたちと一緒に園庭遊びを体験しながら，外遊びの環境をよりおもしろいものにデザインしていく。

■いつでも出て遊ぶことができる園庭

小雨の中，築山の傾斜を使っての流しそうめんごっこが大流行。

園庭の梅の木が，2歳児の自信にあふれた顔を見事に引き出した。

子どもたちが築山の起伏を走りまわる姿を見続けてきた保育者から，もっとアップダウンを楽しめるようにしてはと提案があり，築山の一部を改造。

7 クラスのきまりやルールは，子どもが考える

互いを認め合える心地よい関係性は子ども自らがつくる

子どもたちが互いを認め合い、心地よい関係性を得て園生活を送るために、きまりやルールは必要です。ただし、大切なのは、「子ども自身が守りたい」きまりやルールかどうか、ということです。

保育者が大切なルールだと感じていても、子どもたちが、なぜ守らなければならないのかを納得していなければ、あまり意味がありません。そこで、きまりやルールは、子どもたちが主体となって決めていくことをおすすめします。

子どもがきまりやルールをつくる際のポイントは次の通りです。

① きまりやルールの数は、「必要最低限」にとどめる。
② 決めたきまりやルールは、目の届く場所にわかりやすく掲示する。
③ 保育者が提案する場合は、その理由や原因を子どもたちと共有する。
④ 保育者は「守れた」という結果よりも、「守ろう」と努力する子どもの姿を認め、その喜びややりがいを共有する。

作戦ポイント

クラスのきまりとルールを作る話し合いの時間を設ける。

■クラスのきまりとルール作りの手順

いまのクラスの課題を，朝の会などで，みんなで出し合う。
子ども自身が困っている話題などを，仲間の前で提案できるようにする。

【例】
保育者「トイレのスリッパが散らかって困っているの。どうしたらいいと思う？」

「なぜそれが改善されないと心地よい生活が送れないのか」「どのようにみんなが行動すればよいのか」などを話し合う。

【例】
子ども「向きがそろっていないと，次に履くとき履きにくい」
子ども「気がついた人がそろえればいい」
子ども「そろえる人が大変だ」

みんなからあがった「どのように行動すればよいのか」から，必要最低限のルールを決める。

【例】
保育者・子ども「脱いだら，自分でそろえるというルールを作ろう」

ルールを決めた後は，朝の会などで，率先して守ろうとする子どもの姿を紹介したり，ルールについての子どもの気持ちや考えを引き出し，共有しながら，クラス全体の意識を高めていく。

8 散歩で子どもたちの願いをかなえる

散歩は、道中での刺激や興味を大切にする

散歩は、園から目的地までの単なる「移動」ではありません。ですから、歩くことを目的にするのではなく、子どもたちの願いがかなう時間として保障します。

道中で子どもたちが目にしたもの、触れたものから受ける刺激や興味を大切にし、「近づいてみたい」「さわってみたい」などと子どもたちが思ったときには、その思いをかなえられるようにします。

少し高い段差や階段を見つけたときなどには、歩いていた道を反れて、そちらの方をのぼってみようとする子どもがいます。このようなときは、安全面に配慮し、できるかぎり挑戦できるようにしましょう。

散歩中に見たものに興味をもち、そこから遊びに発展していくこともあります。保育者は、子どもが何に興味を示しているのかを把握し、園での遊びにつなげていくようにしましょう。

作戦ポイント

散歩の途中でも，子どもの自由な発想を見守ったり，「やりたい」を大切にする。

■散歩中の子どもの姿

「のぼってみたい」という意思表示があった。（0歳児）

先頭の子どもが段差を線路に見立てて歩くと，その後ろを歩いていた子どもたちも続いた。（3歳児）

散歩中に広がる興味

線路沿いで菜の花を見つけた子が，「菜の花から油を作ってみたいな〜」とつぶやいた。その後油作りに発展。（5歳児）

街中で見つけた人形に興味を示したため，室内にも人形を用意した。人形のお世話遊びに発展。（0歳児）

9 スポーツフェスティバルを実施する

行事は、何をするか、何に参加するかを子どもが自分たちで決める

行事は、日常の遊びや生活の延長線上にあり、行事のために練習をして発表する場ではないと考えます。

そこで、スポーツフェスティバル（運動会）は、日々、楽しんでいる戸外遊びの中から、子どもたちが、家族の人にいちばん見てほしいと思うものを、自分たちで競技として決めていくようにします。

参加する競技の数も子どもが自分で選択するため、1つの競技を選んで技を磨く子どもがいれば、複数の競技に出る子どももいます。何をするかも、何に参加するかも自分たちで決める、子ども主体の行事になります。

0～2歳児については、室内で行っている運動遊びや、興味のあることを競技にして保護者に見てもらいます。

乳児クラスも幼児クラスも、普段の姿が出せるよう、園内や地域の公園を活用しておこないます。

作戦ポイント

日々の活動をみんなで振り返り，競技を決めていく。

■スポーツフェスティバルでの子どもの姿

公園で鉄棒に熱中。逆上がりや前回り，コウモリなどの技を磨いて楽しんでいた。当日は，逆上がり連続20回をした子どもも。

普段は友だち同士で楽しんでいるドッジボール。子どもたちからの要望で，子どもチーム対お父さん＋お母さんチームで競った。

■乳児クラス

〈0歳児クラス〉
芝生の上での宝探しを保護者と一緒に楽しんだ。

〈1歳児クラス〉
園内のホールで保護者と一緒にしっぽとりゲーム。

〈2歳児クラス〉
保育者が虫に変身し，子どもが網で捕まえた。

10 わくわく＆ハッピーショーを実施する

練習はせず、いつも楽しんでいる遊びをステージで発表する

劇、歌、ダンス、合奏といった音楽表現、身体表現などを、ステージで発表します。

スポーツフェスティバル（運動会）と同様、わくわく＆ハッピーショー（発表会）も日々の遊びの延長線です。新しくダンスや劇を覚えたり、練習することはせず、普段楽しんでいる遊びの内容を発表します。子どもが、いちばん輝けるもの、得意なことを自分で選んでステージに立つことを大切にします。

得意なことを披露する場として、一人でステージに立つ子どももいます。子どもたちが身につける服や小道具なども、日々の遊びの中で子ども自身が作ったものを活用します。

いつもの遊びをプログラムにすることで、子どもは意欲的に計画に参加し、当日は、自信あふれる表情でステージに立つことができるでしょう。

作戦ポイント

みんなの好きな遊びを劇遊びにしたり，遊びの姿をそのままステージで発表する。

■わくわく＆ハッピーショーでの子どもの姿

警察官グッズを自分たちで作り，身につけて地域のパトロールに行くことを楽しんでいた姿から，警察が泥棒を捕まえる劇遊びに。

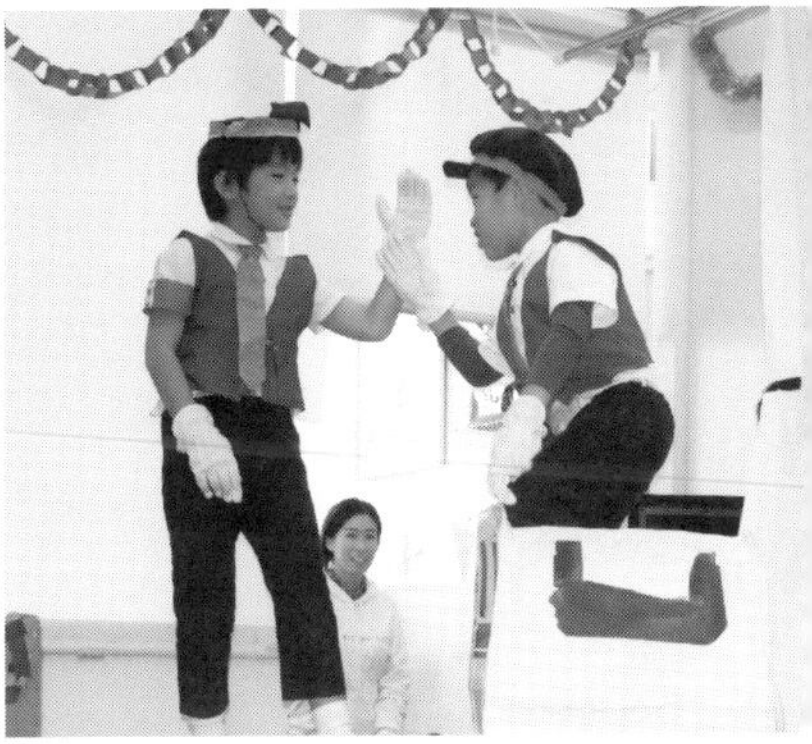

電車を作ったり，実際に電車に乗って車内を観察したりしたことから，車内アナウンスや電車の音を再現した劇を披露。

絵の具やシャボン玉を使ってアートな表現を楽しんでいた子どもたちは，舞台の上で実際に画材を使って表現。

自分の顔にメイクをしたり，友だちの髪をとかしたりして楽しんでいる姿から，スタイリストに扮した子どもが友だちのメイクとヘアアレンジをおこなう。

Column

採用が決まったら準備をしておきたいこと７か条

1 保育者になりたいと思ったときの気持ちを思い起こす

「子どものころの担任の先生に憧れて」「子どもと遊ぶのが大好きで」。そこに、あなたの保育者としての原点があります。

2 保育理念を再確認する

プロの保育者となった以上、園という組織の一員であり、その理念を実現していく役割があります。改めて園の理念を確認しましょう。

3 憧れのモデルを探す

迷ったり悩んだりしたときに、勇気や光を与えてくれる先輩を見つけましょう。職場の中で見つけられるとなおいいですね。

4 同僚を知り、認める

同僚一人ひとりの魅力や可能性を積極的に分析して認め、互いのよさを活かし合う関係性を築く土台にしましょう。

5 行事から園の特徴を知り、保育を楽しむきっかけにする

園の特徴を表す保育活動として「行事」があります。園にどんな行事があるのか、自分のどんな魅力や可能性を活用できるのかを考え、保育を楽しむきっかけにしてください。

6 書類作成の手順を身につける

書類の優先順位を明確にし、それぞれの手順をきちんと身につけておくことが大切です。限られた勤務時間を有効に活用しながら効率的に仕事を進めることができるようになります。

7 生活リズムを整える

子どもと全力で楽しむために、体力は必要不可欠です。しっかりとした食事と睡眠を確保しましょう。

監　修　RISSHO KID'S きらり
「一人の夢がみんなの夢になる　一人の幸せがみんなの幸せになる」という保育理念を実現するため，子ども一人ひとりの「つぶやき」を手がかりに，保育をおこなっています。保育者が子どもの生きるパートナーとなりながら，子どもも保育者も自分らしく生きることをとことん楽しむことを大切にしています。また，日々の保育を通して，保育者一人ひとりの魅力的な生き様（＝生き方）を示していくことで，子どもにとって「生きる憧れのモデル」になっていくことを何より大切にしています。

著　者　坂本喜一郎
社会福祉法人たちばな福祉会常務理事。
RISSHO KID'S きらりグループ統括園長 兼 RISSHO KID'S きらり岡本 園長。
一般社団法人 Learning journey 理事。
保育士養成校非常勤講師・保育セミナー講師等。

執筆協力　三上祐里枝　RISSHO KID'S きらり 園長

協　　力　坂本由貴子　RISSHO KID'S きらり代沢 園長
小飯塚由美　RISSHO KID'S きらり玉川 分園長

装丁・デザイン　ベラビスタスタジオ
編　　集　こんぺいとぷらねっと

担任《たんにん》に決《き》まったらスタート！
幼稚園《ようちえん》・保育園《ほいくえん》のクラスづくり大作戦《だいさくせん》38

2021年11月10日　初版発行

監修者　RISSHO KID'S きらり
著　者　坂《さか》本《もと》喜《き》一《いち》郎《ろう》
発行者　武　馬　久仁裕
印　刷　株式会社　太洋社
製　本　株式会社　太洋社

発行所　株式会社　黎《れい》明《めい》書《しょ》房《ぼう》
〒460-0002　名古屋市中区丸の内3-6-27　EBSビル　☎052-962-3045
FAX 052-951-9065　振替・00880-1-59001
〒101-0047　東京連絡所・千代田区内神田1-4-9　松苗ビル4階
☎03-3268-3470

落丁本・乱丁本はお取替します。　ISBN978-4-654-06104-4